中国社会科学院创新工程学术出版资助项目

居安思危·世界社会主义小丛书

俄罗斯联邦共产党二十年

刘淑春◎著

社会科学文献出版社
SOCIAL SCIENCES ACADEMIC PRESS (CHINA)

本文为国家社科基金课题"独联体国家共产党的理论与实践研究"（项目号：08BKS037）的阶段性成果。

居安思危·世界社会主义小丛书
编　委　会

"居安思危·世界社会主义小丛书"总序(修订稿)

中国社会科学院原副院长

世界社会主义研究中心主任、研究员

李慎明

"居安思危·世界社会主义小丛书"既是中国社会科学院世界社会主义研究中心奉献给广大读者的一套普及科学社会主义常识的理论读物,又是我们集中院内外相关专家学者长期研究、精心写作的严肃的理论著作。

为适应快节奏的现代生活,每册书的字数一般限定在 4 万字左右。这有助于读者在工作之余或旅行途中一次看完。从 2012 年 7 月开始的三五年内,这套小丛书争取能推出100册左右。

这是一套"小"丛书，但涉及的却是重大的理论、重大的题材和重大的问题。主要介绍科学社会主义基本理论及重要观点的创新，国际共产主义运动中重大历史事件和重要领袖人物(其中包括反面角色)，各主要国家共产党当今理论实践及发展趋势等，兼以回答人们心头常常涌现的相关疑难问题。并以反映国外当今社会主义理论与实践为主，兼及我国的革命、建设和改革开放事业。

从一定意义上讲，理论普及读物更难撰写。围绕科学社会主义特别是世界社会主义一系列重大理论和现实问题，在极有限的篇幅内把立论、论据和论证过程等用通俗、清新、生动的语言把事物本质与规律讲清楚，做到吸引人、说服人，实非易事。这对专业的理论工作者无疑是挑战。我们愿意为此作出努力。

以美国为首的西方世界的国际金融危机，本质上是经济、制度和价值观的危机，是推迟多年推迟多次不得不爆发的危机，这场危机远未见底且在深化，绝不是三五年就能轻易走出去的。凭栏静听潇潇雨，世界人民有所思。这场危机推动着世界各国、各界特别是发达国家和广大发展中国家的普通民众开始进一步深入思考。可以说，又一轮人类思想大解放的春风已经起于青蘋之末。然而，春天到来往往还会有"倒春寒"；在特定的条件下，人类社会也有可能还会遇到新的更大的灾难，世界社会主义还有可能步入新的更大的低谷。但我们坚信，大江日夜逝，毕竟东流去，世界社会主义在本世纪中叶前后，极有可能又是一个无比灿烂的春天。我们这套小丛书，愿做这一春天的报春鸟。

现在，各出版发行企业都在市场经济中弄潮，出版社不赚钱决不能生存。但我希望我们这套小丛书每册定价不要太高，比如说每本 10 元是否可行？相关方面在获取应得的适当利润后，让普通民众买得起、读得起才好。买的人多了，薄利多销，利润也就多了。这是常识，但有时常识也需要常唠叨。

敬希各界对这套丛书进行批评指导，同时也真诚期待有关专家学者和从事实际工作的各级领导及各方面的人士为我们积极撰稿、投稿。我们选取稿件的标准，就是符合本丛书要求的题材、质量、风格及字数。

2013 年 3 月 18 日

目录 | CONTENTS

1 | 一　诞生与重建

1 | 1. 历史渊源

8 | 2. 俄共的重建

13 | 二　曲折发展二十载

13 | 1. 重振与兴盛

17 | 2. 挫折与衰落

18 | 3. 恢复与转机

23 | 三　理论基石和纲领目标

23 | 1. 指导思想——坚持和发展马克思列宁主义

44 | 2. 从时代的高度看待社会主义的未来

57 | 3. 肯定苏联社会主义的成就,吸取苏共失败的教训

64 | 4. 以建设"更新的、21 世纪社会主义"为战略目标

72	四　为巩固和壮大党的组织而斗争
72	1. 明确党的性质,扩大群众基础,做劳动人民的党
75	2. 吸收新生力量,遏制组织老龄化
81	3. 坚持党的组织原则

83	五　探索实现社会主义的新途径
83	1. 积极参加各级权力机构的竞选
86	2. 积极开展议会内的工作
91	3. 开展各种形式的议会外工作

102	六　挑战与未来
102	1. 如何扩展政治空间
104	2. 如何处理党内矛盾
105	3. 如何避免陷入议会陷阱
105	4. 如何应对新的政治格局变动

107	主要参考文献

一 诞生与重建

1. 历史渊源

俄罗斯联邦共产党(简称俄共)是当前俄罗斯,乃至整个原苏联东欧地区最大的共产党。俄共成立于解体前的苏联,重建于苏联解体后的俄罗斯。截至2013年2月,重建后的俄共已经走过整整20年的历程。20年来,俄共以反对党的身份为探索俄罗斯的社会主义道路而苦苦求索,历经坎坷,奋斗不息。

在苏联时期,各加盟共和国都有自己的共产党,直接隶属于苏共,唯独俄罗斯除外。原因很简单,俄罗斯苏维埃联邦社会主义共和国是苏联最大的加盟共和国,苏共一直是以俄罗斯联邦境内的共产党员为核心组成的政党。俄罗斯联邦的共产党员无论在数量上还是质量上都是苏共的主力。从一定意义上说,原来的俄共即苏共。

戈尔巴乔夫推行的"人道的民主的社会主义"路线,使苏联的"改革"走入歧途,同时使党内派别斗争日益激化,社会上民族分离主义情绪也不断加剧。波罗的海沿岸国家纷纷宣布独立,俄罗斯联邦的独立指日可待。正是在这种背景下,苏共内部自下而上出现了建立俄罗斯联邦共产党的呼声,尽管不同人有不同的目的。

1990年4月21日,倡议成立俄罗斯共产党的一些党组织成员在列宁格勒举行"倡议成立俄共代表大会"。其发起人是列宁格勒的一些国防企业的党委领导人,代表俄罗斯联邦的5个边疆区,37个州和7个自治共和国。大会决定组建俄罗斯联邦共产党。据当事人后来讲,会议代表认为,在俄罗斯建立共产党组织具有战略意义,因为成立俄罗斯联邦共产党,可以首先在俄罗斯联邦树起一道屏障,阻止党在思想上的蜕变,抵制戈尔巴乔夫的资本主义化的改良路线。

1990年6月19日,全俄共产党代表会议在克里姆林宫大会堂开幕。参加会议的有2768位代表。会议议程主要为两项:关于当前形势和成立俄共问题;关于苏共纲领和党纲草案。戈尔巴乔夫在题为《为俄罗斯和全国的命运负起责任》的报告中肯定俄共的成立是适宜的、必要的,认为俄共应成为俄联邦新的政治机制中的有机部分。

他还强调俄共是苏共的组成部分。一些代表在会上批评戈尔巴乔夫在意识形态上瓦解了党,造成党内思想的混乱,对社会主义理论的种种攻击放任自流,没有珍视苏联人民辉煌的历史,在原则问题上做出让步。从这次会议主要发言者的态度中可以看出,俄共在成立之初,其主流倾向是同民主派划清界限,同时也警告戈尔巴乔夫:党和国家面临着被瓦解的威胁。

20～23日,代表会议以2316票赞成、171票反对的结果通过了《关于将俄罗斯党代表会议改为俄罗斯苏维埃联邦社会主义共和国共产党成立大会》的决议,以2507票赞成和50票反对通过了《关于组建俄罗斯苏维埃联邦社会主义共和国共产党》的决议以及《俄罗斯苏维埃联邦社会主义共和国共产党成立大会宣言》等。鉴于此时的俄共仍是苏共的一部分,而非独立的政党,大会没有通过俄共的章程和纲领。当天,大会还选举出由153名成员组成的中央委员会。

在选举中央委员会第一书记时,出现了一些波折。苏共中央政治局提出的两位候选人是瓦连京·库普佐夫和奥列格·舍宁,而与会多数代表推举的则是苏共克拉斯诺达尔边疆区第一书记伊·库·波洛兹科夫。经两轮投票,波洛兹科夫当选。

俄共成立不到一个月,1990 年 7 月 2～13 日,苏联共产党第二十八次代表大会在莫斯科举行。大会通过了《走向人道的民主的社会主义》的纲领性声明和新党章,改变了苏共的性质。这次大会上,各派斗争激烈,主要是所谓改革派与传统派之争,但民主纲领派并不占优势,他们决意与苏共分道扬镳。民主纲领派发起人、俄罗斯联邦最高苏维埃主席叶利钦等人在会上宣布退出苏共。

1990 年 9 月 4～6 日,俄共成立大会第二阶段会议举行。大会增选了中央委员会,使委员增至 272 名,还选举了中央监察委员会。大会在讨论筹委会拟订的《俄共行动纲领》草案时发生激烈的争论。草案指出,俄罗斯共和国和全国一样正在经历行政官僚体制多年造成的严重的经济、政治和精神危机。革命性的社会变革碰到了前所未有的问题、矛盾和困难。这在很大程度上是改革过程中的失误和错误所致。改革的许多实践步骤是不连贯的,未遵循经过科学论证的纲领,不重视改革的社会主义本质和方向。改革成了反社会主义和反共产主义运动的保护伞。显然,俄罗斯共产党人这些批评的矛头所向是戈尔巴乔夫。戈尔巴乔夫及苏共中央政治局大多数人不同意这个草案,结果该草案未能提交大会表决。压力之下,作为一种妥协,第一书记波洛兹科夫建议大会通过如下决定:俄共成员在一切行动中坚持苏共二十八大文件精神,遵循苏共二十八大通过的章程和纲领性文件。然而,以筹委会成员伊万·奥萨齐为代表的一些人认为,这个决定是俄共领导人向民主派做出的让步。

9月7日,俄共中央全会通过激烈争论选举了由18人组成的中央政治局。除了波洛兹科夫在成立大会第一阶段会议上已当选为第一书记外,苏共普斯科夫州委第一书记 A. H. 伊里因当选为第二书记,И. И. 安东诺维奇、Г. A. 久加诺夫、В. И. 卡申、A. Г. 梅利尼科夫、H. П. 希尔科娃、A. C. 索科洛夫、A. M. 布里亚奇欣和 B. H. 叶妮娜等当选为书记。

至此,俄罗斯联邦共和国内形成了两派对峙的政治架构:激进民主派的叶利钦把持着立法机构苏维埃和政府,传统派的波洛兹科夫控制着共产党。此时,俄共有党员 1000 万人。尽管共产党内部存在不同倾向的派别,如马克思主义纲领派、共产党人倡议运动派等,但大多数人都主张坚持改革的社会主义方向。

然而,成立之初的俄共面临着复杂的局面。当时,俄罗斯乃至苏联政治斗争激化,经济形势恶化,各加盟共和国纷纷宣布独立,脱离苏联。俄共内部关于是革新社会主义还是根本改变社会主义制度的两种改革方针的斗争愈加激烈。以波洛兹科夫为代表的俄共中央政治局委员不断发文揭露民主派背离马克思主义和社会主义原则的危险倾向,而以叶利钦为代表的民主派则将其视为反对改革的阻力,必欲除之而后快。

1991年7月2日,作为俄罗斯联邦副总统的鲁茨科伊宣布成立俄罗斯共产党人民主党,并辞去俄共中央委员职务,这无疑是要分化俄罗斯联邦共产党。叶利钦退党后更无顾忌,在1991年7月20日签署了非党化指令,禁止政党在俄联邦政府机关、苏维埃机构及企业进行活动,并责令俄最高苏维埃做出法院、检察院、强力部门和军队也照此执行的决议。这实际上是宣布共产党丧失了国家的领导权、军权!

1991年8月6日,俄共举行中央全会,研究新局势下的对策。在会上，第一书记波洛兹科夫的报告中及其他委员的发言中都意识到苏联和苏共处于危急之中，对党和国家的前途表示担忧。鉴于俄总统已发布非党化令，俄共中央全会通过了关于党组织工作的迫切问题的决定。同时，全会将利皮茨基、鲁茨科伊、普罗塔先科从俄共中央除名，鉴于利皮茨基、鲁茨科伊违反苏共章程和旨在分裂党，全会决定将其开除出苏共。全会上各派观点争论激烈。波洛兹科夫受到来自"左"右两方面的夹攻，"保守派"批评他不能坚决捍卫社会主义原则，民主派攻击他思想保守，缺乏灵活性。在各种批评声中，尤其是为避免党走向分裂，波洛兹科夫辞去了政治局委员和第一书记的职务。8月8日，戈尔巴乔夫提名的瓦连京·库普佐夫当选为俄共政治局委员并接替波洛兹科夫成为第一书记。库普佐夫自称"天生是一个中派分子"，既能与戈尔巴乔夫保持一致，也能与叶利钦打交道。全会以150票对35票选举他任第一书记，希望他能在多党制条件下保存党。库普佐夫当选后即谋求与叶利钦总统合作。然而，这次全会结束后仅仅11天，"8·19事件"爆发，短短的3天后即告失败，形势急转直下。

8月23日,叶利钦颁布了《关于中止俄罗斯苏维埃联邦社会主义共和国共产党活动》的第79号总统令。8月24日,戈尔巴乔夫发表声明,宣布辞去苏共中央总书记职务,并建议苏共中央"自行解散","各共和国共产党和地方党组织的命运由它们自己决定"。8月25日,叶利钦又颁布第90号总统令,宣布苏共和俄共的全部动产和不动产均归俄联邦国家所有。之后,叶利钦总统又于1991年11月6日,即十月革命节前夕颁布了禁止共产党活动的第169号令。12月25日,戈尔巴乔夫宣布辞去苏联总统职务,次日,苏联最高苏维埃宣布苏联停止存在。至此,苏联解体。这一连串的举动极具讽刺意味。戈尔巴乔夫、叶利钦生于布尔什维克党通过十月革命建立起来的社会主义国家苏联,长在红旗下,由苏共一手将他们送上权力的宝座。然而,正是这样两个吮吸着苏联和苏共奶水长大的人,最后竟亲手埋葬了苏联和苏共。

2. 俄共的重建

执政近70年的党突然之间被打倒在地,广大苏共党员能甘心吗? 当然不甘心! 在苏联最高苏维埃通过决议宣布苏联停止存在的第二天,即1991年12月27日,37

名俄联邦人民代表向宪法法院提起申诉,要求审理叶利钦总统的三个"禁共令"的合法性。于是,一场官司打了起来。这就是轰动世界的"苏共案"。据时任俄共中央第一书记的库普佐夫后来解释,俄罗斯共产党人通过法律程序上诉,不是为一时之需,而是要建立一个永久性的党。宪法法院的审理工作持续了近一年之久,最终于1992 年 11 月 30 日做出了一个妥协性的判决。法院判定,总统令中关于中止苏共区委以上组织的活动符合宪法,但总统令中关于解散(按地域原则建立的)基层党组织的条款不符合宪法;承认苏共有权要求按法律程序返还其财产,但同时确认解散苏共领导机构的指令为合法,而且宪法法院没有宣布任何组织为苏共的合法继承人。这样的判决实际上否决了退还苏共财产的请求。根据这一判决,俄共基层组织可以活动,但上层组织必须根据俄联邦的法律重建。不管怎么说,俄罗斯联邦共和国宪法法院的判决,使已遭取缔的俄共获得了重新组建的法律基础,有了合法存在和活动的法理依据。这对在剧变中遭受沉重打击的原苏东地区各国共产党而言,具有启示它们通过法律程序重新获得生存机会的重要示范意义。

其实，在共产党遭禁、"苏共案"审理的过程中，重建苏共和俄共的工作已经在悄悄地进行。俄罗斯虽有几个新成立的共产党，但遭禁的俄共仍是人数最多、影响力最大的党。广大共产党人把俄共看成重建统一的俄罗斯共产党乃至苏共的基石和希望，他们暂时搁置各自的分歧，有些人甚至离开自己的小组织，投奔到俄共的麾下，这一切为俄共的重建奠定了组织基础。

重建俄共的组委会直接由俄共中央书记处领导，实际工作主要由莫斯科和列宁格勒党组织和劳动人民社会党的人承担，文件起草工作由奥萨齐等负责，在宪法法院工作的一些共产党员在法律上给予俄共筹建工作以大力支持。筹备工作几乎是在秘密状态下进行的。经费都是由党员捐助的。叶利钦当局千方百计地阻挠俄共的重建，俄共领导人常常受到恫吓，他们的电话被监听。

俄共重建大会的筹备工作还遇到了来自内部的困难。当时最大的困难是已经形成新党的各派在思想上很难达成一致。据库普佐夫讲，俄共与其他共产党在意识形态上的主要分歧在于，俄共宣布自己是苏共的继承者，而其他共产党则不愿意背上这个历史包袱，不想与

"名声不好"的苏共有丝毫瓜葛。最后,那些党都没有以整党的名义加入俄共,只是其中的一些党员以个人身份加入俄共。为了将各执己见的众多派别联合起来,组委会必须设法让各派在求同存异的前提下达成妥协,并形成方案。

1993 年 2 月 13～14 日,俄罗斯苏维埃联邦社会主义共和国共产党第二次非常(重建)代表大会在莫斯科郊外举行。大会决定将党更名为"俄罗斯联邦共产党"(简称俄共)。由于各派观点难以达成一致,代表大会没有通过党的纲领,仅通过了一份纲领性声明,批准了党的章程及一系列决议。大会选举产生了新的领导机构——由 148 人组成的中央执行委员会。组委会原计划实行共同主席制,库普佐夫起主导作用。但阿尔贝特·米哈伊洛维奇·马卡绍夫将军谴责库普佐夫搞戈尔巴乔夫主义,要求直接由代表大会而不是中央全会选举久加诺夫作为党的唯一领导人,马卡绍夫还声称,如果库普佐夫不答应这一请求,他就不下主席台。结果,久加诺夫当选为俄共中央执行委员会主席。根据久加诺夫的建议,B. A. 库普佐夫、Ю. П. 别洛夫、C. П. 戈里亚切娃、M. И. 拉普申(农业联盟即后来的农业党领导人)、В. И. 佐尔卡利采夫、И. П. 雷布金(时任俄罗斯劳动人民社会党共同主席,后为农业党领导人,并成为第一届国家杜马主席)当选为副主席。

苏联解体后的一年多时间里,俄共党员人数减少了1/3,仅剩680万人,而且其中的一半在军队、国家安全部门、内务部工作,根据俄联邦总统令,这些人不得参加政党,被剥夺了成为共产党员的权利。这样,重建大会实际上只召回了不足1/10的党员,即60多万。但这次代表大会具有里程碑的意义。它标志着由执政党转变为在野党的俄共谋求生存和继续斗争的艰苦历程的开始。大会为俄共重建各级党组织及动员共产党人同现行制度做斗争指明了方向。俄共从此开始了作为反对派政党的历程。

二 曲折发展二十载

俄共自1993年重建起,迄今已经走过20个年头。这20年间,俄共经历了曲折发展的三个发展阶段。

1. 重振与兴盛

20世纪90年代初,俄罗斯开始在政治、经济和社会制度等方面全面转轨。此时,俄共的斗争目标是,阻止国家全面"资本主义化"。俄共主要以街头斗争形式抗议政府推行的自由主义经济改革,捍卫人民代表大会及其常设机构最高苏维埃的最高立法权力,争取共产党组织的合法地位,设法保存自身组织。

但在当时的客观历史条件下,人民群众要求变革,主张建立西方式的民主制和自由市场经济的政治力量占上风,国家的政治、经济和舆论权力被"自由民主派"精英所把持。因此,已经失去权力及资源的共产党无力阻止国家全面"滑向资本主义"。最终,叶利钦总统在西方和国内自由派的支持下,实施了"休克疗法"的激进经济改革,炮轰了白宫,驱散了议会,通过了宪法,进而确立了自己的统治地位。俄共在这一过程中恢复和保存了下来。俄共不相信新的国家制度能够长久，决心通过和平手段重新夺回政权，进而改变国家的现行方针和制度。

1993年12月俄罗斯举行第一届国家杜马选举。为表示对叶利钦政权合法性的质疑，多数共产党采取抵制立场，不参加竞选，唯有俄共经过内部的激烈争论，决定参加议会选举，这表明俄共准备按照新的游戏规则参与政治竞争。俄共尽管准备仓促，但还是取得了不错的成绩：获得12.4%的选票，在杜马中占42席，在八个议会党团中位列第三，排在自由民主党（22.92%）和俄罗斯选择联盟（15.51%）之后。自此，俄共调整了斗争策略，从街头斗争转向议会斗争，利用议会讲坛与民主派和总统抗争，为共产党人和广大民众争取政治和经济权利。

在杜马中，共产党及其组建的左翼联盟利用其在议会的多数席位，多次否决政府提出的激进"改革"方案和总理人选，迫使当局在涉及大多数人切身利益的一系列政策上让步。1994年2月23日，在俄共党团的推动下，国家杜马通过对"国家紧急状态委员会"成员和参与1993年"十月事件"人员实行特赦的议案。1995年6月和7

月,俄共党团在国家杜马提议对切尔诺梅尔金政府投不信任票。1998年8月金融危机之后,共产党人尤·马斯柳科夫出任叶·普里马科夫政府的第一副总理,推动政府实行旨在加强国家宏观调控的摆脱危机纲领。俄共党团还在议会中两次发起"弹劾总统"的运动。尽管共产党的提案最终未能获得通过,但对叶利钦的执政地位构成极大的威胁。与此同时,俄共及左派力量联合组建的俄罗斯人民爱国联盟加强在地方立法机构和执行权力机构的渗透,俄共的候选人在布良斯克州、沃罗涅什州、图拉州、梁赞州、阿穆尔州、斯塔夫罗波尔斯克边疆区的州长选举中获胜,形成一个红色地带。

20世纪90年代中期,"休克疗法"的改革造成了俄罗斯严重的经济衰退和社会动荡。国民生产总值减少近一半,人们生活水平急剧下降,社会出现两极分化,民族矛盾加剧,车臣战争爆发。人们发现,"改革"非但没有使俄罗斯走上"人类文明的主干道",反而使其退回到"野蛮资本主义"时代。老百姓尝到了"改革"给他们带来的苦头,开始怀念苏联时期社会主义的优越性。民主派令民众失望,叶利钦威信下降,社会情绪向左倾斜,共产党又恢复了群众基础。此时,俄共把"进入政权,进而逐步实施社会主义纲领和恢复苏维埃式的人民政权"作为自己的战略目标。1995 年 12 月,俄共站在广大劳动阶层的立场上,团结并依靠人民爱国力量,高举社会公正、国家主义、爱国主义旗帜,以"俄罗斯、劳动、人民政权、社会主义"等口号,参加议会选举,赢得了第二届国家杜马选举的胜利,获得 22.3% 的选票,占据 157 个议席,成为杜马第一大党团。

在 1999 年的第三届国家杜马选举中,俄共得到24.29% 的选票,虽然在杜马中得到的席位(103 席)与上届相比有所减少,但仍占据杜马第一大党团的位置。

俄共主席久加诺夫先后以人民爱国力量委员会主席和俄罗斯人民爱国联盟主席的名义参加了 1996 年和2000 年的总统竞选,虽然以 40.3% 和 29.21% 的得票率先后输给叶利钦(53.8%)和普京(52%),但也表现出其是唯一可与当选总统较量的竞争者。

总之,20 世纪 90 年代中后期,叶利钦总统及亲西方的自由派越来越失去人民的信任,俄共的主张,如强国思想、爱国主义、社会取向的市场经济等,逐渐得到越来越多的人的赞同,共产党在俄罗斯社会政治生活中起着举足轻重的作用,俄共的发展达到鼎盛时期。

2. 挫折与衰落

进入 21 世纪,俄共开始陷入困境。2000 年 3 月,普京当选俄罗斯的新总统。普京是打着爱国主义的旗帜上台的。上台后,他采取一系列措施加强国家管理,顺应了民众人心思定的心理。所以一开始,俄共还对新总统抱有幻想,以为他会改变叶利钦的路线,于是一改在叶利钦时期所持的"不妥协反对派"的立场,对普京采取了"建设性反对派"态度,积极与新总统合作。但一年后,当普京明确提出要继续和完善 20 世纪 90 年代没有完成的改革方针后,俄共与普京总统在"使国家向何处去"的问题上发生原则分歧。普京建议俄共改旗易帜变成社会民主党,俄共坚决予以回绝,坚称不做社会民主党。俄共党团对政府提交议会讨论的新一轮的改革提案均投反对票。普京总统通过议会各派力量的重组,使支持总统的中派力量取代了俄共在议会中的多数地位,进而通过了政府提交的一系列改革议案。这样,随着中派对议会立法权的控制,俄共及其他左翼在议会中的政治影响力受到削弱。

在外部压力之下,俄共队伍内部孕育已久的矛盾也公开爆发。先是以根·谢列兹尼奥夫为首的党内右翼分离出去,另立新党。接着,党内在如何对待盟友的问题上出现分歧,大选前与盟友关系破裂,一部分选民被带走,致使俄共在 2003 年第四届国家杜马选举中遭到惨败,仅得到 12.7% 的选票,虽然仍是议会第二大党团,但占据的议席则由上届的 103 席减少到 52 席。竞选失败引发党内前所未有的危机。在 2004 年 7 月党的十大召开之际,反对久加诺夫的党内反对派离党而去,组成新党——全俄罗斯未来共产党。在总统、议会和政府站在一起的国家权力格局下,俄共被边缘化了。

俄共队伍经过一次又一次的分裂,元气大伤,组织结构虽然基本保存下来,但组织规模却大大缩小。截至 2005 年 10 月,即俄共召开十一大时,俄共的党员人数减至 18.8 万。

3. 恢复与转机

然而,俄共没有消沉。十大后,俄共为提高党内士气、巩固和扩大队伍、更新党的领导层和使党的队伍年轻化做出了很大努力。经过思想和组织整顿,俄共稳住了阵脚。在 2007 年的第五届国家杜马选举中,俄共保住了第二大党的地位,但其选民支持率(11.6%)和杜马席位没有明显突破(57席),在2008年的总统选举中,俄共候选人久加诺夫的得票率(17.80%)虽远超后两位候选人(弗·日里诺夫斯基的得票率为9.41%、安·波格丹诺夫为1.29%),但与当选总统梅德韦杰夫的得票率(70.17%)相差悬殊。2008年11月底俄共召开十三大时,正值国际金融危机开始在全球蔓延,这一背景为俄共的重振提供了机会,十三大充满了憧憬未来和展示信心的高昂气氛,但从当时的实际力量对比来说,俄共尚未根本扭转普京执政以来的颓势。但这次大会的确是俄共发展的转折点。

十三大后,俄共一方面紧紧抓住金融危机带来的发展机遇,抨击新自由主义对俄罗斯经济社会造成的危害,批评政府对危机反应迟钝、举措不力,并通过议会内外的各种途径,把俄共的反危机纲领(包括14项措施)传达到社会的各个角落。俄共关于实行自然资源和关键性经济部门国有化,加强对金融体系的监管,将国家外汇储备投资于本国经济,实行累进税,扶持农业和中小企业,振兴工业、国防、科技,发展住房、交通和基础设施建设,进而转变国家的能源依赖型经济结构,实现社会主义现代化等主张,以及反腐败、反对教育商业化和一整套旨在保护劳动者利益的社会政策主张,均得到广大民众的支持,也迫使执政者在政治(如选举制度)、经济和社会领域的政策有所调整。

另一方面,俄共加快了党的现代化建设。其措施包括:①在坚持党的思想传统的基础上,更新了党纲,把建设"更新的、21世纪社会主义"作为新的奋斗目标;②加速组织年轻化,吸收大批青年入党,推举年轻有为并有专业知识的党员骨干进入党的各级领导岗位和立法党团,进而使党的队伍更年轻、更专业、更有战斗力;③巩固了与社会组织的盟友关系,通过社会抗议运动,配合俄共举行各种议会外的活动,加强了与工人运动的联系,巩固了自己的青年团,成立了民兵组织,建立了旨在弘扬俄罗斯文明的"俄罗斯和睦"运动,进而巩固了党的选民基础,在地区选举中接连取得良好战绩,扩大了俄共在地方立法体系和执行权力体系的影响力和话语权;④建立了从中央到地方的垂直互联网体系,并积极利用广播、电视和网络视频等媒体进行宣传,勇敢地与政治对手展开电视辩论,进而打破官方的舆论封锁;⑤广泛联合国际上的共产党及左翼组织,旗帜鲜明地宣传社会主义,抵制反共主义,赢得国际左翼力量的尊重与支持。

俄共正是通过其组织、信息、社会、议员和资金五大支撑体系的有效运作和全方位的努力,最终在2011年12月的第六届国家杜马选举中获得了选票倍增(19.2%)的成绩,其杜马席位相应增至92席(这一结果接近1999年的103席);在2012年3月的总统选举中,俄共候选人久加诺夫的最后得票率(17.18%)虽然与2008年持平,但缩小了与当选总统普京得票率(63.60%)的差距,而且几乎是其他三个候选人得票率的总和(独立参选人普罗霍洛夫、自由民主党候选人日里诺夫斯基和公正俄罗斯党候选人米罗诺夫的得票率分别为7.98%、6.22%和3.85%),再次证明了久加诺夫在当代俄罗斯政坛上的显赫地位。

至此,俄共经过十年的顽强奋斗,基本夺回了丢失的阵地,再次确立了其在俄罗斯政治舞台上的重要地位。应当看到,俄共的这一成果是在普京领导的统一俄罗斯党牢牢掌握国家政治、经济及舆论主导权的背景下取得的,来之不易。因此,俄共重新被社会接纳的事实本身可以表明,俄共不仅没有在新的政治环境下被挤垮,而且已经站在了新的起点,俄罗斯社会需要这样的"反对派"政党,其主要主张顺应了当今俄罗斯社会发展的需要。因此,2013年2月的俄共十五大是在充满自信、乐观向上的氛围中进行的,大会开放和务实的程度前所未有。

三 理论基石和纲领目标

一个政党或一个团体，如若没有先进的思想理论作为基础，就不会产生巨大的、如同磁石一般的凝聚力，更不会具有持久的号召力。

在苏共还是执政党的时候，其手中掌握的国家权力决定着党员的生计、升迁、荣辱、社会地位。这些物质上和精神上的纽带，可以在一定程度上维系党的吸引力和号召力。但对于已经丧失了政权和执政地位的俄共，前述杠杆也尽丧失，参加共产党反而意味着丢掉工作，失去饭碗，甚至被投入监狱。因此，这时的俄共只能靠强大的思想理论武器来增强自信和对群众的吸引力。

1. 指导思想——坚持和发展马克思列宁主义

纲领是判断一个政党性质的基本理论文献。俄共在1995年1月召开三大时通过了党的第一份纲领。为了符合俄联邦《政党法》的要求，这一纲领在1997年4月召开的四大和2002年1月召开的八大上做了稍许修改和补充。随着21世纪以来国内外形势的变化，俄共经过几年的酝酿,修改了党的纲领,新版纲领在2008年11月底举行的俄共十三大上获得通过。根据俄共纲领以及党的其他文件和领导人讲话,我们可以归纳出俄共的如下几点理论主张。

(1)坚持和发展马克思列宁主义

俄共宣称是一个以马克思列宁主义为指导的政党。经俄共十五大修改的党章指出:"俄罗斯联邦共产党建立在创造性地发展马克思列宁主义的基础之上。"党纲规定:"党在确定自己的纲领目标和任务、战略和策略时,从分析社会政治实践出发,遵循马克思列宁主义学说并创造性地发展这一学说,依据本国和世界的科学和文化的经验和成就。"

今天,马克思列宁主义对俄共而言仍是其理论基础和思想武器。在马克思、恩格斯和列宁诞辰纪念日,俄共都以举行集会、发表理论文章和召开研讨会等方式加以纪念,将此作为在人民中宣传马克思列宁主义的机会,并结合当今争取社会主义斗争的实践,阐述马克思列宁主义的当代价值和现实指导意义。

在俄共看来,马克思主义是认识人类社会发展规律

的科学理论和指南,是共产党人世界观的理论基石。

俄共在《纪念卡尔·马克思诞辰 190 周年》决议中称马克思是"人类历史上最伟大的思想家之一",认为马克思和恩格斯创立了"成为劳动人民战斗旗帜的哲学学说"。马克思和恩格斯创立的辩证唯物主义"把对整个周围世界,尤其是人类社会的认识提高到了一个新的水平",其历史唯物主义"揭示了人类发展的推动力"。决议中说:"借助于马克思、恩格斯的著作,我们看到的历史是完整和有规律的进程。""马克思的经济学说揭示了资本主义剥削的机制。这一学说论证了资产阶级社会的瓦解和人类向社会主义过渡的必然性。它是作为世界工人运动的理论和纲领的共产主义思想体系的基石。"决议提到,马克思虽然未能活到亲眼看见自己学说取得最初胜利的时候,但他去世(1883 年)后不到 35 年,世界上第一个工人和农民的国家就在俄国创立了。列宁正是运用劳动解放理论的辩证法精髓翻开了这一学说发展史上新的一页。苏维埃政权证明社会主义是有生命力和前途的。苏联成立后,在三个五年计划中,其工业消费品生产一直以两位数速度增长。到 1940 年,苏联工业产量比 1913 年增长 11 倍左右,这是任何一个资本主义国家在任何一个时期都没有做到的。从 20 世纪中叶起,资本主义的西方已经与整个社会主义国家体系打交道了。20 世纪末,社会主义在苏联和东欧遭到了暂时的失败。但 21 世纪初,马克思主义仍在继续发展。做出社会主义选择的国家正满怀信心地面向未来。社会主义的价值观在拉丁美洲这样一个辽阔的大陆占据了上风。

俄共强调,要继承马克思开创的社会主义事业,**必须把马克思主义理论应用于今天的斗争实践,创造性地发展马克思主义**。现实中,俄共就总体而言不放弃马克思主义基本原则,但在有些提法上的确有所调整,如不再提无产阶级专政,而是坚持争取劳动人民的政权;主张以和平方式通过选举争取政权,但不放弃特殊条件下采取暴力革命的手段等。"现实生活要求对马克思主义理论加以具体化和补充。但共产主义运动的理论基石不能改变。这就是:不仅对自然界,而且对社会的彻底的辩证唯物史观;揭示资本主义剥削实质的剩余价值理论;旨在确立阶级的政治权力的阶级斗争,而这个阶级首先且比任何阶级都与消灭私有制的无限统治更加利益攸关。这就是俄共写入自己纲领中的马克思的原则。"

在俄共看来，**列宁是世界无产阶级的领袖和苏联社会主义国家的缔造者**。今天，俄共更多遵循的是列宁的教导。俄共认为，列宁是 20 世纪杰出的世界历史人物。"他首先是世界无产阶级的领袖，在他的领导下，第一次社会主义革命胜利完成。"列宁将作为伟大的无产阶级政治家、革命家永载俄国文明史和世界文明史。

对俄共而言，列宁的理论遗产是今天的行动指南。俄罗斯共产党人认为，列宁作为一位伟大的思想家和理论家，创立了关于作为工人阶级最高组织形式的新型政党的学说，并在实践中领导布尔什维克这支无产阶级的先锋队，为使俄国广大劳动人民摆脱受奴役被剥削的地位、过上幸福美好的生活而奋斗；他提出了关于社会主义革命可以首先在一国取得胜利的学说，并根据这一理论取得了十月革命的胜利；他提出的国家与革命的学说，为建立新型的社会政治和经济体制奠定了理论基础；他关于工人阶级在争取民主和社会主义革命胜利的斗争中应广泛争取同盟军的观点，为布尔什维克制定正确的政策和策略，夺取和巩固十月革命的成果提供了理论依据；他关于帝国主义是资本主义的最新和最高阶段的理论,令人信服地说明了时代的性质和关于战争与和平的问题;他的关于社会主义国家与资本主义国家和平共处的观点,不仅对处于资本主义包围之中的新生的苏维埃政权的巩固,而且对日益强大的社会主义国家的发展,都具有十分重要的战略意义;他的社会主义建设理论,尤其是新经济政策思想,为经济落后国家如何进行社会主义建设提供了理论指南。虽然列宁这些学说中的某些观点迄今仍引起人们的争论,但总体而言,"列宁的理论遗产绝没有过时"。列宁的理论和思想犹如灯塔,指引着一切坚信社会主义和共产主义理想的人们前进。如果没有列宁,人类今天也许还不知道社会主义究竟是什么模样。今天,对列宁最好的纪念是认真地研究、创造性地发展和积极地宣传列宁的遗产,并将之付诸实施。

俄共今天在俄罗斯是维护列宁形象的代言人。在社会上涌起反共、反列宁潮流之时,俄共呼吁人民认识到,**列宁是苏联乃至今天的俄罗斯国家的缔造者和卓越的领导人,诋毁列宁无异于诋毁祖国历史**。针对社会上对列宁领导的十月革命的攻击,久加诺夫认为,列宁不是如某些人所说的"狂热的冒险主义者",仅凭着一股激情或野心去领导俄国革命,而是在马克思主义的科学理论指导下,根据当时俄国和世界主要国家的实际情况,在科学地、创造性地发展了马克思主义的基础上,去推动和领导俄国进行社会主义革命的。俄国的十月社会主义革命以及十月革命后所建立起来的苏联是史无前例的伟大的社会主义实践。列宁是"提出人类发展新道路的人之一。而且他不仅提出新道路,还依据三种思想——公正、劳动、人民政权——去实现这条道路"。列宁所创建的苏联是人类新文明的尝试,它与建立在私有制基础之上的西方文明截然不同。虽然这项伟大的尝试经历了无数的困难和挫折,但是它代表着一种独特的新质的社会发展方向。"它所取得的巨大成就是无法再现和不可超越的",其历史意义无法估量。

俄共认为,列宁是当今俄罗斯联邦之父,是俄罗斯历史上最强有力的国家领导人。俄共领导人久加诺夫谈到,列宁当年接手的是一个在世界大战中打了败仗、伤痕累累、奄奄一息的大国,而身后留下的则是处于高涨中的国家。1917年苏维埃政权建立时,国家工业停滞,人民精疲力竭。列宁不得不从废墟中把国家重新收拾起来。他仅用了七年的时间就把一个四分五裂的俄国重新建立起来。在这七年里,列宁试验了四套国家政策方案:从战时共产主义、粮食征集制和粮食税,到新经济政策和俄罗斯国家电气化计划。在当时来讲,列宁的电气化计划"相当于今天的互联网、微型化技术……的气魄",这个计划"是20世纪最天才的发明,使国家得以在十年时间进行了国有化"。列宁的英明预见、战略眼光和灵活策略尤其表现在新经济政策的实施上。当年,列宁做出实施新经济政策决定时,他承受了巨大的压力,布尔什维克党内1/5的党员退党。然而,一年后,这些人看到了新经济政策所取得的成果,又回到了党内。这体现了这一决策的智慧和力量。

俄共还认为,列宁的民族理论对解决当今俄罗斯的问题依然具有现实指导意义。苏维埃政权建立之初,列宁提出了三项建国方略:第一是国际主义原则,即全世界无产者联合起来,已经获得解放的国家应当支持被压迫民族争取民族解放的斗争;第二,坚持民族自决权,不能将强大和多数民族的意志和利益强加给弱小和少数民族;第三,实行苏维埃联邦制,从心理上和历史上把多民族的苏联各族人民联系为一个整体。苏维埃多民族国家后来的发展,证明列宁是正确的。苏联解体,分裂后的各加盟共和国之间因宗教、种族、领土及资源等问题发生的纠纷和战争,恰好从反面证明了列宁的民族政策的正确。

俄共旗帜鲜明地同虚无苏联历史、妖魔化列宁的现象进行针锋相对的斗争。俄共强调指出,诋毁列宁无异于否定祖国历史。而否定祖国历史,于法、于理难容。在法律上,作为一个国家,今天的俄罗斯联邦是列宁缔造的。理由在于,他签署了建立这个国家的法令,除此之外,现在的俄联邦国家没有其他任何合法性基础。1991年12月25日的法律只是将俄罗斯苏维埃联邦社会主义共和国更名为俄罗斯联邦,而不意味着重新建立一个国家,且该法律也是俄罗斯苏维埃联邦社会主义共和国最高苏维埃批准的。把苏联时代庸俗化和改写苏联历史、嘲弄对列宁的纪念及列宁签署通过的法律的任何企图,都是对俄罗斯联邦的完整性和权威的破坏。俄共坚决反对把列宁遗体从红场迁出,认为列宁葬于红场的墓中是历史决定的,所有关于这个问题的议论都带有挑衅性质。

在情理上,苏联时代是祖国历史不可分割的组成部分。这一时代创立了许多伟大壮举和英雄业绩。不能允许任何人把几代人的生活一笔勾销。直到如今,俄罗斯仍靠这些人创造的劳动果实生活。对历史的野蛮态度只能对青年一代的成长产生侵害性影响。"爱国主义与反苏主义是不相容的"——这是俄共反复向社会和执政者说明的道理。

俄共认为,**列宁主义仍是共产党人今天认识和改造社会的指导思想**。在俄罗斯目前的条件下,共产党人要建设"更新的、21 世纪的社会主义",必须向列宁这位社会改革的战略家和革命行动的策略家请教,向列宁的理论和政治遗产请教,即回到列宁那里去。列宁是苏联社会主义国家这个新型政治体制的缔造者,他集理论家和组织者的才能于一身,远见卓识,既能预见未来,又能及时制定出解决眼前迫切问题的政策和策略。后来的苏共领导人由于"缺乏理论头脑",党内的理论权威也多是诠释领导人的讲话和思想,给他们的言行套上理论的外衣,致使理论在列宁和斯大林之后的苏联领导人那里变成了装饰物和奢侈品,从而导致苏联的解体。苏联解体的教训告诉我们,先进的理论对于一个新的社会制度而言,既不是装饰物,也不是奢侈品,而是赖以存在的基础,是社会主义事业取得胜利的必要条件。

近些年来,俄共领导人引导党员以列宁的帝国主义学说为依据,分析当代资本主义的特征和危机的根源,坚持认为当今的时代仍是"从资本主义向社会主义过渡的时代",并根据列宁的思想设计未来社会主义。但俄共认为,回到列宁并不是回到偶像的、先知的列宁,而是回到作为学者、思想家和革命家的列宁。只有用列宁的理论和方法论武装起来,才能为俄罗斯再次走上社会主义道路找到机会。

(2)用历史唯物主义的观点看待斯大林

俄共与某些俄罗斯的共产主义政党不同,在其纲领中没有将斯大林理论与马克思列宁主义并列为指导思想。但俄共一直主张对斯大林的功过是非采取客观的评价态度,认为斯大林继承和发展了列宁的社会主义建设思想,斯大林的错误属于"拓荒者"的错误。

在 2008 年国际金融危机来临之际,俄罗斯各派就如何实现俄罗斯新的现代化展开争论。俄共认为,实现新的现代化,不能不借鉴斯大林领导苏联人民所进行的社会主义现代化的经验。在这一背景下,2009年3月,俄共中央主席团做出《关于斯大林诞辰130周年》的决议,对斯大林一生的理论和实践做了较为全面的评价。决议认为,斯大林是著名的国务活动家和社会活动家,是世界上第一个工农国家的缔造者之一。在十月革命和苏维埃政权初期,"斯大林坚决捍卫列宁的武装起义思想,将其作为推翻专制制度和确立人民政权的手段。他论证并创造性地发展了列宁关于无产阶级专政、对待农民的态度、在一国建成社会主义等思想。斯大林对布尔什维克民族政策的形成和苏联的建立做出了相当大的贡献。国内战争年代是在列宁和斯大林的紧密配合下度过的,他们携手建设并巩固了红军"。在社会主义建设时期,"斯大林经济政策的基石是将国家从一个农业国变成工业发达的强国"。可是苏维埃国家没有外援,因此,"发展俄国的斯大林模式的主要特点是自力更生"。斯大林制定了苏联工业化原则,工业化的实现为社会主义国民经济体系打下了基础。历史证明斯大林快速工业化的方针是正确的,因为它建立在马克思主义对帝国主义矛盾的分析之上,这一矛盾导致了第二次世界大战。历史为苏联仅留十年备战时间,在斯大林领导下,苏联人民得以充分利用这一历史机遇。苏维埃政权社会经济政策的主要论点——单独在一个国家建成社会主义——变成了现实。从列宁新经济政策到1936年"斯大林宪法"一路走来,苏联人民的实践为建立一个新型社会奠定了基础,这一社会在战争年代证明自己优越于法西斯主义。卫国战争期间,苏联战斗与建设同步进行,结果,苏联不仅战胜了德国军队,而且在生产的质量和规模上也强于后者。苏联是粉碎德国法西斯及其盟友的决定性力量。战争期间,"斯大林在领导前线的军事行动和后方的经济组织工作的同时,继续从事重要的理论活动。在他的讲话和指示中,不仅苏联军事科学,而且苏联社会主义国家及其职能和力量源泉的理论都得到进一步的发展。……斯大林在创建世界社会主义体系中的作用也是无可估量的。"决议特别提到,"斯大林留给我们的理论遗产直到今天也没有失去意义。斯大林的系列文章都是收于政治思想库的宝藏。然而,对于马克思主义者来说,今天使用斯大林的著作绝不意味着逐字逐句地盲目照搬,必须理解和运用斯大林本人对待其前人经验的方法"。

与此同时,俄共并不回避也不否认斯大林领导苏联时期出现过的错误和悲剧。关于苏联 20 世纪 30～40 年代的大清洗,俄共 2008 年版纲领用"破坏社会主义法治"这样的词语来定义,并申明"党对此曾予以坚决的谴责"。前述俄共决议中还分析了斯大林错误的原因,认为"拓荒者不寻常的道路上总是伴随着一些错误和悲剧性的过失","这是与内外敌人进行残酷的、不可调和的斗争的条件决定的"。苏联面临着严酷的历史考验,"它只有一个解决办法:不是你死,就是我亡。此外,还面临整个人类文明的命运问题"。

21 世纪以来,国家主义、爱国主义在俄罗斯得到官方的推崇,以增强民族自信心,恢复俄罗斯的大国地位。于是,斯大林作为俄罗斯历史上强有力的国家主义者、爱国主义者的形象也得到社会的认可。在 2008 年"俄罗斯"电视台组织的"俄罗斯名人"的大众评选中,斯大林位列第三。在这种背景下,是迎合社会潮流,将斯大林作为强国主义者、爱国主义者、民族领袖来评价,还是将斯大林作为马克思主义者、社会主义者、国际主义者来评价,这一问题在俄罗斯的共产党人中产生了不同看法。

从上述俄共中央关于斯大林的公开评价我们可以看到,俄共主要把斯大林作为苏联社会主义国家的领导者加以评价和肯定,进而强调苏联社会主义在俄罗斯历史上的作用,唤起民众重建社会主义。近年来,俄共领导人久加诺夫在多种场合发表对斯大林的看法,他在肯定斯大林作为革命者、社会主义者的同时,更多地强调斯大林作为强国主义者和爱国主义者的历史作用。2004 年 12月,在斯大林诞辰 125 周年之际,久加诺夫发表了题为《强国的建设者》的长篇文章加以纪念。文章认为,"斯大林首先是一位刚毅、坚决、果敢的政治家 - 国务活动家,是一个民族领袖,是一个庞大的和强大的强国的设计师和建设者"。作为强国的建设者,斯大林忠于革命和社会主义,把全部力量都彻底地贡献给苏维埃国家的建设事业;在世界舞台上则坚定地捍卫民族的利益。

在此文中,久加诺夫归纳了斯大林时期在国家体制、地缘政治、经济制度、民族政策、宗教政策等方面值得继承的"遗产"。其中,在国家管理体制方面,久加诺夫认为,"斯大林的国家政治理念基石的两个基本原则是政治上的现实性和历史的继承性"。斯大林在国家体制建制方面能根据形势的变化而改变看法:在革命之初,斯大林主张实行严格的单一的国家管理体制,反对联邦制。但他后来从现实出发,认为联邦制是向未来的社会主义的一元集权制过渡的一种形式。今天,俄罗斯的执行权力完全凌驾于代表权力之上,这与俄国人民集体主义的、共议性的、苏维埃的传统和当今的国家需要水火不相容。显然,俄国需要恢复代表权力的优先地位。因此,俄共提出了"修正"国家制度的替代纲领,其主要目的是在俄罗斯传统的基础上建立苏维埃型的议会制共和国,向真正意义上的人民政权迈进。

在捍卫俄罗斯民族传统和地缘政治利益方面,久加诺夫认为,斯大林继承了俄罗斯许多世纪以来有效地应对经常性的外部威胁的传统,在解决苏联安全问题时,不得不巧妙地利用帝国主义之间的矛盾。斯大林针对各"民主"大国与希特勒和墨索里尼之间进行的"慕尼黑勾结",不得不以签订《苏德互不侵犯条约》作为回敬,这使得国家的边界向西推进,推迟了希特勒的进犯,保护了居住在西乌克兰和西白俄罗斯领土上的斯拉夫兄弟。斯大林善于打破针对苏联的帝国主义大国的统一阵线,然后又争取到反法西斯联盟的建立。因此,今天继承斯大林的遗产,就要"把强国思想和斯拉夫思想有机地结合在一起。这种结合的前提是俄国要控制世界的欧亚心脏,保障整个斯拉夫—东正教文明在军事、政治和意识形态等方面得到必要的安全"。正是由于苏联在"解冻"和"停滞"时期错误地离开了斯大林的地缘政治模式,注定了"改革"时期的地缘政治灾难和今天被贬低了的俄国地位,"把争取真正的民主和人民政权的斗争与俄罗斯思想和人民传统、与民族解放斗争结合起来——这就是斯大林留给我们的任务"。

2009 年 9 月 10 日,久加诺夫在《真理报》发表题为《斯大林是革命家和爱国者》的文章,文中强调:"斯大林是一位伟大的革命家,因为他是一位伟大的爱国者,反过来说也一样。"斯大林的世界观信条是深刻的马克思主义的和爱国主义的,符合俄罗斯的命运和精神。在斯大林时期,集体利益、公共利益高于个人利益达到了极致。正是在这个时候,斯大林做出了只能称作革命的决定:放弃直接的世界革命的方针(这在共产国际和布尔什维克党内是一个公理),采取在单独一个国家——苏联——建成社会主义的方针。这不仅是革命性的决定,而且是爱国主义的决定,这决定了斯大林和党同托洛茨基和托洛茨基主义之间不可调和的斗争。现在,这一斗争已成为历史,假设托洛茨基及其不断革命的方针获胜,其后果只能是国家消失在法西斯主义的铁蹄之下,不会有 1945 年的胜利。久加诺夫的这番话,实际上认为斯大林在 20 世纪二三十年代放弃世界革命,坚持在一国建成社会主义的方针是正确的。

久加诺夫对斯大林做出上述评价,一方面是出于政治斗争的需要,在今天,共产党人要通过强国主义、爱国主义争取民众认同,通过肯定斯大林作为苏联国家领导人的历史功绩来使人民认同苏联社会主义在祖国历史上的作用;另一方面,是为自己一贯主张的俄罗斯社会主义、国家爱国主义、俄罗斯民族精神、地缘政治理念和与教会结盟等观点寻找理论支撑。因此,久加诺夫的评价既有与俄共官方观点一致的地方,也带有个人的特点。

关于如何评价斯大林,久加诺夫强调应该用辩证的方法看待斯大林,从历史的时代特征中去寻找斯大林所犯错误的原因。他在其《强国的建设者》文章中强调："我国历史最具悲剧性的篇章和最伟大的篇章都与斯大林联系在一起。在分析斯大林时代时，谁要是想寻找简单和直接的答案，他就只能以失败告终。在斯大林问题上，只有辩证的方法才是富有成效的。作为时代之子，斯大林身上具有这一时代的全部特征。永无止境地一往无前，但又背负着历史的包袱；建立了伟大功绩，而为了主要的事业却对人残酷无情；机智灵活而又知识渊博，但同时也在明显的情况下犯错误；真诚而无私，却迷恋权力，有时这种迷恋压倒了其他情感；在国家事务上深思熟虑，谨慎从事，但在给千百万人的命运造成打击的行动上却又是漫无节制，以致后来不得不对之进行长久的和痛苦的纠正。所有这一切就是斯大林。"久加诺夫认为，苏联作为一个世界超级大国、一个巨大的地缘政治同盟的领袖、全世界历史范围的一种文化和意识形态现象的形成，正是在斯大林执政时期完成的。而这一过程进展得的确很艰难、很残酷。如果我们不带偏见，就不能不承认，这种残酷性的原因不应到斯大林的个性、苏维埃政权或者"社会主义极权主义"中去寻找——无论如何，原因不仅仅在这里。这些原因首先应该到伟大变革的基本特征和世界的革命性变更时代的前所未有的复杂性中去寻找,到历史因素和个人主观因素相结合而产生的那个时代的特征中去寻找。主要之点在于,应该从自己的经验中汲取必要的教训。

五年之后,2009 年 10 月 31 日,即梅德韦杰夫总统在为"政治镇压牺牲者纪念日"写的博客中声称反对为斯大林的大清洗进行辩护的次日,久加诺夫通过答记者问的方式做了回应。久加诺夫强调:"不能将我国的生活归结为一两个悲剧性的年头,这样的时候在任何一个国家的历史上都会发生。在评价斯大林这个人物时,应该着眼于他 30 年间的活动。"接着,久加诺夫列举了列宁、斯大林在 1917～1953 年间为国家所立下的功绩,然后说:"至于说到大清洗,50 年代党(指苏共——作者注)已经宣布这是不能容忍的并保证任何时候这种情况都不会再发生。"久加诺夫还说:"应以深深的敬意和尊重的态度对待历史,对那些遭受非法劫难的人表示尊重的同时,要学会不重蹈覆辙。人们今天以怀旧的情绪回忆苏联时代,那是因为每个人都想生活在一个广袤、强大和受人尊重的国度里。""我们应该接受历史的本来面目,只有这样,才有希望不重复历史的悲剧性和可怕的篇章。如果邓小平及其班子当时跟曾经迫害过他们的人算账,他们就会把中国毁了。可是他们没有这样做,结果把中国变成了全球的装配车间和领先的世界强国。""有人把斯大林的名字仅仅和大清洗联系在一起,而大多数人却把这一名字与完全另外的事情——胜利、核导弹盾牌的建立、在危急时刻斯大林的意志和谈判的智慧联系在一起。……我请你们相信,随着时间的推移,所有人都会承认,20 世纪是列宁和斯大林的时代。"

从久加诺夫的这些谈话可以看出,他的观点是:应该尊重历史,吸取教训;斯大林为国家所做的一切功大于过,今天看斯大林应该着眼于他的一生,而不是纠缠于他一生中的某几年和所做的某几件事;即使斯大林犯有错误,也有其客观历史原因,而不仅仅是个人性格品质所致。

把苏联和苏共的理论和思想遗产作为俄罗斯共产党的精神财富,而不是当作历史包袱,这也许正是俄共的过人之处。

2. 从时代的高度看待社会主义的未来

（1）坚信当今时代仍是从资本主义向社会主义过渡的时代

俄共依据马克思主义关于资本主义基本矛盾运动规律的原理，分析东欧剧变、苏联解体以来的资本主义新变化及世界格局和时代特征，进而确信社会主义在 21 世纪仍有发展前途。

在新版纲领中，俄共首先确认资本主义生产方式占据了世界主导地位这样一个事实，同时指出了资本主义制度的性质和对人类发展造成的后果。纲领认为："今天，资本主义统治着地球上大部分地方，资本主义是这样的一种社会，其物质和精神生产服从于最大限度地攫取利润和积累资本的市场规律，一切都变成了商品，金钱成了人与人关系的主要尺度。资本主义生产方式意味着对人和自然资源的无节制的开发，不考虑对后代的生活及其生存环境的致命后果。"

纲领特别强调："列宁关于帝国主义是资本主义发展的最高和最后阶段的学说被证明是正确的。"纲领根据列宁的帝国主义学说，对 20 世纪以来资本主义发展的轨迹做出全面的回顾,尤其对 20 世纪后半叶资本主义剥削和扩张的新形式、新特点做出描述。纲领指出:"资本集中的过程导致了 20 世纪初大垄断联盟的建立,出现了银行资本与工业资本的融合。重新瓜分市场的斗争日益加剧,引起了给人类带来巨大牺牲的两次世界大战和多起局部地区的武装冲突。在 20 世纪后半叶,拥有所谓'金十亿'居民的发达资本主义国家集团通过对地球资源的掠夺性开发、金融投机、战争和极其狡猾的新殖民主义方法而发财致富,进入了名为'消费社会'的阶段。在这一阶段,消费由人体的自然功能变成'神圣的目标',个人的社会地位取决于对这一目标追逐的热衷程度。就其本质而言,这是一种通过纠缠不休的广告和其他心理施压方法进行的超级剥削和市场扩张。帝国主义利用最新技术对全球居民进行洗脑。它竭力用其信息网约束整个世界,在世界各地植入利己主义、暴力、精神虚无和世界主义。"

纲领专门阐述了对苏联解体以来世界格局和资本主义新变化的看法,认为美国及西方大国通过推行全球化来重新瓜分世界,争夺自然资源,导致人类陷入新的矛盾。苏联被摧毁和资本主义在后苏联地区及东欧复辟以后,美国及其亲密盟友推行帝国主义全球化政策。一种极其危险的局势正在形成。劳动和资本之间的国际性对立被强加上"文明之间的战争"的形式。新的瓜分世界正在进行。对经济、政治和军事的影响范围正在进行重新瓜分。争夺对地球自然资源控制的斗争在加剧。帝国主义集团为了实现自己的目的,积极利用军事政治同盟并诉诸公开的武装行动。

关于全球化问题,俄共领导人在 2000 年 12 月的七大报告中阐明了自己的看法。报告指出,全人类面临的问题,在资本主义框架下是不可能解决的。因此西方竭力保持现状,通过所谓的全球化来固守自己的统治。实际上,在全球化这个新的术语下掩盖的是旧的、公开的帝国主义政策。今天,只有在没有剥削、压迫、贫困、不公正的世界里,只有在不压制自由的世界里,也就是说,只有在真正的社会主义条件下,才能解决全球问题。社会主义作为一种国际主义学说,丝毫不拒绝世界一体化进程。但社会主义是对资本主义制度下畸形的世界一体化的现实替代。只有社会主义能创造可持续的、有生命力的社会,这个社会将在不挤压邻邦和后代机会的情况下,满足自己的需求。

俄共在谈到全球经济的融合进程时通常用"一体化"（интеграция）来表述,不用"全球化"（глобализация）一词,认为"全球化"概念掩盖了西方的扩展、剥削的本质。俄共用"全球主义"（глобализм）一词概括资本主义的新阶段。2004年7月,久加诺夫在俄共十大报告中将当今世界发展的新阶段定义为"全球主义阶段",并分析了这一阶段的特征。他在报告中指出,帝国主义进入了一个新阶段——全球主义阶段。这一阶段具有以下特征:①生产资本、工业资本完全从属于金融资本、投机资本,后者已成为自给自足的并具有了再生产能力的资本,超越了商品阶段;②市场关系已经变成人为的不等价交换机制,在市场关系的幌子下,掩盖的是对一系列国家和人民的非经济的强制和掠夺;③"国际分工"的新模式得到巩固,使国际层面的不公正、日益突出的社会不平等加速恶化;④跨国公司和金融集团的影响急剧扩大,其目标是觊觎国际关系体系中不受限制的权威和权力主体地位;⑤民族国家失去对世界经济进程的控制,国际法的基本准则遭到篡改,旨在取消国家主权和建立全球政权结构——世界政府;⑥传媒文化扩张成为侵略和摧毁传统价值观的一种形式,精神被划一在极其低俗蒙昧的水平上;⑦寄生性,使用高新技术和整合跨国公司资源而获得的好处仅仅为己服务,其余世界难以摆脱不可避免的贫困和衰落的命运;⑧腐朽并在实质上阻碍技术进步。俄共迄今一直坚持上述关于全球主义特征的看法。

俄共新版纲领认为,一方面"业已形成的世界结构使主要资本主义国家得以保持相对的稳定,削弱工人及其他抗议运动,缓解个别国家的社会冲突";另一方面,"资本主义在保证了少数国家高水平消费的同时,把人类引上了新一轮的矛盾,大大加剧了所有全球性问题"。因此,纲领认为,"资本主义作为在全球占统治地位的制度继续存在下去,有带来灾难的威胁。甚至最狂热的资本主义的拥护者都承认,采用资本主义所固有的掠夺性方法发展生产将会快速消耗掉最重要的自然资源,世界经济危机正在深化。

俄共基于对资本主义新阶段所引起的矛盾的分析,得出这样的结论:20 世纪资本主义和社会主义之间的原则性争论没有结束。社会主义作为一种学说、一种群众运动和一种社会制度仍有其存在的必然性和可能性。尽管革命运动暂时退却了，但当今时代仍是从资本主义向社会主义过渡的时代。

（2）世界金融和经济危机导致社会"向左转"

2008年国际金融危机爆发。俄共及时向社会揭示这场危机的性质和根源。俄共认为，资本主义经济的虚拟资本与生产资本的背离是引发金融危机的直接原因，"全球化阶段的帝国主义的特点之一，是工业资本被金融资本、投机资本彻底征服。在当今世界经济的整个交易额中，金融资本占80%以上，而物质生产仅占20%。正是这一特征埋下了在全世界蔓延的金融危机的祸根"。俄共十三大政治报告从资本主义发展的矛盾分析危机的根源。报告认为，20世纪末，资本主义进入全球化加速发展的阶段。在这一阶段，世界经济的一体化和高技术应用的基本好处都被跨国公司攫取了。跨国公司使西方的精英发财致富，却使世界上其余的人陷入贫困和衰落。因此，世界经济联系扩大了，生产社会化程度更高了，但最终没有带来各国人民平等的一体化，而是使世界经济社会的矛盾更加尖锐化了，最终导致了"帝国主义世界的体系性危机"。

在俄共看来,由美国一些金融集团引起的这场危机给整个世界的经济带来沉重的打击。经济危机势必激化社会矛盾。理由是,在危机面前,跨国公司的首领及其政治代言人匆忙聚集起来挽救资本主义;但他们把主要潜力都用在了对寡头利益的保护上,而千百万劳动人民却承受着危机的后果——被解雇或降低工资。无疑,虚拟经济金融泡沫的破灭,使世界不可避免地进入了不稳定时期。一方面,资本主义可能通过暴力和战争转嫁危机,20世纪世界资本主义体系的危机导致了法西斯主义和两次世界大战对人类的摧残,这一教训人类不应忘记。另一方面,各国人民要求建立一个新的、更公正的世界秩序的意愿更加坚定,要求摆脱谎言、肮脏交易和压迫的意愿日益增强,在人类的发展中,"向左转"这一趋势显而易见,左翼力量的威信、影响和团结在增强,因此,现实生活不可抗拒地要求向社会主义的社会制度和发展方式过渡。

这场金融危机使俄罗斯经济遭受重创。俄罗斯是美国第八债权国。据《金融》杂志报道,截至2008年夏,俄罗斯的国家福利基金、储备基金和联邦黄金货币储备基金总额的49%投入美国的国家债券,也就是说,俄罗斯老百姓用来保护自己免遭各种动荡的资金的一半投到了美国。美国金融危机爆发后,俄罗斯外汇储备缩水1/3以上,从2008年8月的5981亿美元减少到2009年2月26日的3868亿美元。俄罗斯国内基金市值损失75%～80%。除此之外,俄罗斯寡头损失巨大,总额从3000亿美元缩减到700亿美元。危机造成外资抽逃,企业资金链断裂,2009年俄国内生产总值呈现负增长,即－7.9%,成为俄罗斯15年来最大跌幅;失业率增加,据俄统计局的数据显示,2009年失业人口总数达到640万,失业率达8.2%;卢布贬值,通货膨胀加剧,2009年3月通货膨胀率同比上升14%,在八国集团中位居第一。梅德韦杰夫总统在2009年9月10日发表的题为《俄罗斯,前进!》的文章中不得不承认,在这次危机中,俄罗斯经济的下滑幅度比世界其他经济体都大。

然而,俄罗斯国家领导人一开始对俄罗斯受金融危机冲击的严重性估计不足,反应迟钝。普京执政以来俄罗斯经济持续增长。可是,发生在大洋彼岸的金融危机居然使俄罗斯经济遭受如此损失？俄罗斯经济为何如此不堪一击？又是谁使俄罗斯卷进金融危机的旋涡？这正是俄共在危机之初不断追问的话题。俄共把矛头直指执政当局，认为当局对俄罗斯卷入危机负有不可推卸的责任。在俄共看来，俄罗斯受美国金融危机冲击如此严重，这是执政当局奉行自由主义金融化政策、错过调整经济结构大好时机的结果。久加诺夫认为，实际上，俄罗斯执政当局和美国一起在吹这个金融泡沫。正是掌握国家财富的俄罗斯寡头机构和造成俄罗斯经济畸形缺陷的原料公司及银行使俄罗斯的工农业状况更糟，科技研发及其对生产的应用受到抑制，经济完全依靠原料出口，最终让世界性的经济震荡把俄罗斯卷进了旋涡。久加诺夫指出，无论在国内还是在国外，早就有专家谈论美国的金融金字塔，搭起这个金字塔的是错综复杂的互借债务，如果国家领导人不是从寡头的利益，而是从人民的利益考虑，就不会把局势引向危机。如果近八年，哪怕近五年，流动资金不存入寡头及其仆从的境外账户，而是投入机器制造企业、军工联合体、造船业、航空工业、农业、科研和实验设计，那么任何危机现在都威胁不到俄罗斯。如果稳定基金不去服务于美国的市场,而是服务于国内生产,那么国内市场对金属的需求、对石油和石油产品的需求也会很高。在这些产品价格下跌的今天,俄罗斯也没有必要赔本地把这些财富运往国外,也不会造成俄罗斯在药品、服装、粮食等领域都完全依赖进口。国家杜马工业委员会主席、俄共党团代表 Ю. Д. 马斯柳科夫在 2009 年 2 月 10 日谈到危机的原因时指出,俄罗斯当局不是发展基础工业部门,而是积极建立银行体系,他们打算以此融入世界金融市场。这种政策遇到的麻烦相对少,可迅速获利,也不需要专门的知识。但结果是明摆着的,这就是生产的削减、金融体系对外国贷款的依赖。他强调,近 20 年,在俄罗斯,无论工业还是农业,一个大型项目也没有建成,迄今实行的仍是对苏联积累的民族财富坐吃山空的政策。随着当局救市计划的出台,俄共抨击这一计划以牺牲百姓的利益来救银行家和寡头。同时,针对政府的反危机措施,俄共提出了自己的反危机纲领,确信只有实行俄共的纲领,俄罗斯才能摆脱危机。

(3)雇佣劳动与资本的矛盾回到了俄罗斯

如何认识今天俄罗斯的经济结构变化及由此而产生

的社会阶级和政治制度的变化,这是共产党人确定其战略目标及其行动纲领的前提。20 年来,俄共依据阶级分析方法对苏联解体以来俄罗斯的社会制度、经济基础和社会结构等情况做了较为深入的分析和判断,从而确定了自己的斗争目标以及所要依靠和团结的对象。

俄共认为,俄罗斯资本主义是人为造成的。随着社会制度的倒退,经济基础发生变化,社会阶级构成相应发生改变,出现了雇佣劳动者与资本家的对立。俄共新版纲领认为,资本主义复辟导致了深刻的社会分裂。一极是所谓的"战略私有者"阶级,其基础由银行投机资本和原料出口资本构成,经济上同西方紧密相连,带有明显的买办性质。属于这一阶级的还有民族资本,民族资本虽然以发展本国经济为主旨,但没有失去其阶级本性。另一极是大量陷入贫困的人,他们被失业的威胁和对未来的恐惧所压抑。据此,俄共纲领认为,"雇佣劳动与资本之间的对抗性矛盾回到了俄罗斯";"国家机器完全代表大资产阶级及其以寡头为代表的上层的利益和意志"。

俄罗斯 20 年的社会分化形成了新的社会阶级构成。俄共十三大政治报告具体分析了国内目前的阶级构成。

报告认为,俄罗斯的统治阶级掌握着国家的基本生产资料和实权。从人数上说,富有和超富有的人占人口总数不到3%。但1991年以来迅速成长起一个官员-企业家阶层,客观上讲,这是执政集团的一部分。因此总体来说,统治阶级和为其服务的中等阶层加在一起,占人口总数12%~15%。但统治阶级的上层也不是铁板一块。其中买办寡头部分与西方资本牢固地结为一体了,而官僚-强力部门中的部分"精英"不被西方接受,因此这部分"精英"倡导爱国主义,竭力使自己及其资本摆脱西方更贪婪"伙伴"的威胁。近年来一种变种的波拿巴主义在俄罗斯滋生并得以巩固,它试图在买办资本和基本大众之间搞平衡。其余大多数公民属于雇佣劳动者和受压制的小业主。基于以上分析,报告认为,俄罗斯社会的主要矛盾是非法掠夺了主要社会财富的寡头资本与失去政治经济权力的劳动者之间的矛盾。这一矛盾既在资本与劳动之间展开,也在亲西方的"精英"利益和国家民族利益之间展开。因此,俄共的任务是把社会阶级斗争与民族解放斗争结合起来,为向社会主义过渡创造条件。

　　总之,俄共认为,俄罗斯的社会矛盾使国家笼罩在系统性的危机之中,这表现在:工农业生产总额急剧下降;科学、教育和文化衰落;尽管石油美元涌入,但迄今没有在任何一个经济部门有实质性的推进;人口减少;公民被排斥在参与社会事务的管理之外;贫富鸿沟加深;地区之间、城乡之间矛盾加剧;俄罗斯族人问题凸显;武装力量的战斗力下降;俄罗斯成了帝国主义国家的原料附庸;等等。因此,俄共坚信,只有重建苏维埃制度并沿着社会主义道路前进,才能挽救祖国,使俄罗斯摆脱资本主义危机。

(4)增强当代工人阶级的阶级意识是当务之急

俄共把"当代无产阶级"即体力和脑力雇佣劳动者作为自己的社会基础。关于俄罗斯社会的"雇佣劳动者阶级",2013年十五大前夕,俄共中央主席团成员瓦·拉什金在与《真理报》记者谈话中提到,俄罗斯现有7300万雇佣工人,其中有4000万是工业、建筑、交通和农业部门的工人,此外,社会地位接近雇佣工人的还有工程师、教师、医生、学者、文化工作者和服务行业就业者。久加诺夫在十五大报告中指出,据专家估计,俄罗斯人口中0.2%的富有者占据着全国70%的财富;而"瑞士信贷"银行的分析家则认为,按照欧洲的标准,91%的俄罗斯人属于穷人。

近年来,关于"如何认识当代无产阶级"的话题成了俄共的关注点。党报上相继发表文章,从理论和实践上探讨共产党所要依靠的社会基础。俄共理论家得出的结论是:所谓俄罗斯形成了一个"中产阶级",只是资产阶级虚拟的一个"神话"。今天,无产阶级仍占俄罗斯人口的大多数,其中,产业工人又占工人阶级的大多数。但俄共清楚地意识到,目前,"当代无产阶级"作为一个整体,其阶级意识十分淡薄。社会存在决定社会意识。俄共认为,在"改革"后的俄罗斯,倒退的、原料型的非工业化过程,在客观上导致广大劳动人民的阶级自我意识被摧毁。受压迫的社会阶层虽然不满现状,但在现有制度控制下,仍处于政治冷漠和畏惧状态。久加诺夫在俄共十五大报告中借用雨果的话说:"人们缺乏的不是力量,而是意志。"因此,增强广大劳动者的阶级意识是俄共的当务之急。

3. 肯定苏联社会主义的成就,吸取苏共失败的教训

俄共作为苏联共产党和俄罗斯苏维埃联邦社会主义共和国共产党的事业的继承者,声称要"从俄罗斯、苏联和世界共产主义运动的以往经验中吸收一切经过实践检验的成果",以"对当代发展的最迫切问题做出回答"。俄共重建后不得不首先清理苏共的历史包袱,回应社会上对苏共的责难。因此,俄共在其两个纲领中都专设章节总结了苏联时期社会主义的经验和教训,分析苏共对苏联解体所应承担的责任。综观俄共的两个纲领,俄共关于苏联历史的主要观点归纳如下。

(1)肯定革命,尤其是十月革命在推动俄国社会进步中的历史作用,同时承认在社会主义建设的开拓进程中难免会有缺陷

俄共始终认为,俄罗斯历史证明,革命是历史的火车头。没有革命志士的"不懈努力,农奴制就不会消失。没有革命力量的斗争,沙皇制度就不会垮台。没有列宁及其所领导的布尔什维克党的活动,人类就不会实现向另一种根本不同的社会制度的突破,由群众的历史性创造而诞生的新型政权——苏维埃共和国也不可能确立"。"在军事上、政治上和经济上破产,国家分崩离析,执政的资产阶级 - 地主联盟完全无能的情况下,伟大的十月社会主义革命对俄国来说是唯一现实的民族自我保护的机

会。多民族苏联的建立是伟大的十月革命创造性的合乎规律的表现。"同时,俄共也认为:"我国是社会主义建设的开拓者。然而,'解决'在资本主义俄国已经累积的诸多问题的必要性和敌对的周围环境都给这一进程留下了深深的印记。"这实际上是承认,当时的主客观条件决定了苏联社会主义制度确立和建设过程中存在一些缺陷,有不完善的地方。

(2)肯定在单独一个国家建成社会主义的方针是正确的,同时承认存在破坏社会主义法治的现象

在俄共看来,苏联成立后,建立了劳动者的政权,完成了向公有制基础上的国民经济计划管理方式的过渡,在社会和文化领域取得了巨大成就。为了尽快缩小与主要资本主义国家在经济上的差距,苏联人民响应斯大林"关于必须在十年内走完主要资本主义国家用了不少于一百年所走过的历史路程"的号召,在极短的时间内采用动员经济的方法实现了**工业化**,快速进行了农业**集体化**,消灭了大批文盲,实现了**文化革命**,取得了伟大卫国战争的胜利并顺利恢复了国民经济。苏联公民的劳动、休息、保健、老年物质保障、住房、教育、享用文化成果等社会权

利都得到保障,居民福利不断增加,寿命不断延长。苏联在世界上首次实现了人类飞向太空,保证了和平利用核能,科学、文化蓬勃发展。苏联社会主义成了国际舞台上和平与稳定的最强大因素。这一切证明,"党在单独一个国家建成社会主义的方针是正确的","'俄罗斯奇迹'展示了社会主义制度的巨大潜力"。纲领同时提到,在祖国历史上也存在一些矛盾现象,如"劳动人民群众性的创造热情与20世纪30年代和40年代破坏社会主义法治的现象并存,我们党曾坚决地谴责了后一种现象"。值得注意的是,1995年纲领关于这一问题的表述是"群众性的创造性热情同20世纪30年代和40年代的镇压并存",显然,新纲领比原纲领更明确地指出了"镇压"中出现的问题的性质,并且阐明了俄共的谴责立场。

(3)承认苏联因未能及时进行改革,革除积弊,而使许多问题积重难返

俄共认为,苏联在特定条件下确立的动员型经济要求对社会生活许多领域实行极端严格的国家化和集中化,加之官僚主义蔓延,导致人民的自治组织受到压制,劳动人民的社会积极性和首创精神下降。在经济方面,

国家未能及时实施与生产力的要求相适应的经营机制，严重背离了社会主义"各尽所能，按劳分配"的原则。苏联未能从过去很多方面尚不完善的社会主义形式向较为成熟的形式过渡，以保证苏联的现实社会主义在其自身基础上得到发展。苏联人民意识到进行变革的必要性，但国家领导层却拖延做出决定，结果在社会中积累了一些困难、问题和不利的倾向。这一切妨碍了社会主义制度优越性的发挥，阻碍了社会主义的前进步伐，引起许多人的失望和不信任。

（4）承认苏联的解体主要是由苏共自身的危机所造成的

俄共认为，苏共长期在理论上停滞不前。由于片面追求党员数量，缺乏领导干部更替和年轻化机制，致使苏共党内政治上成熟的党员不能防止阶级敌对分子混入党内，无法对领导层的活动施加应有的影响。苏共对权力和意识形态的垄断以及一部分党的领导人的蜕化变质，使党变成了"骄傲自大的党"。党的领导人与千百万党员和劳动者之间的鸿沟越来越深。直到 20 世纪 90 年代初，苏共积累了许多问题。击溃苏联社会的危机，很大程度上是由党自身的危机引起的。

（5）认定是社会主义的叛徒最终葬送了苏联

俄共认为，苏共党内为争取列宁主义方针和真正的社会主义而进行的斗争从未停止过。20世纪80年代初，党内的列宁主义者共产党人要解决问题、克服社会中累积的负面倾向的愿望更坚定了。遗憾的是，这个愿望却被社会主义的叛徒以欺骗的手段利用了。从20世纪80年代下半期起，这些人口头高喊"多一些民主，多一些社会主义"，实际上却在展开消灭社会主义的工作。社会主义制度的基础——公有制的作用遭到侵害，劳动集体和合作社的作用受到歪曲，"影子经济"肆无忌惮。国家作用的削弱和计划原则的放弃导致国民经济和消费市场的混乱。人为制造的商品"短缺"引发了居民的抗议。大众传媒工具被有意地转到持有资产阶级观点的代表手里。这些人实施心理战，向大众铺天盖地地灌输抹黑苏联和俄罗斯历史的信息，任凭反苏维埃政权和统一联盟国家的"影子资本"、民族主义者、反人民的力量随心所欲。政治上层急欲利用其地位攫取全民财产。他们的行动遭到真正共产党员的反抗，于是这些蜕化变质分子就于1991

年8～12月实行了反革命政变,禁止了共产党的活动。接着,掌权者们签订了别洛韦日协定,公然背叛祖国,粗暴地践踏人民保留苏联的意志。最后,这些人以炮轰苏维埃大楼,驱散人民代表大会的行为揭开了建立资产阶级国家和确立背叛国家制度的序幕。

(6)认为西方在苏联解体过程中起了煽风点火的作用,西方对苏联的"和平演变"从来没有停止过

俄共认为,美国及其盟友、西方的特务机关鼓励苏联国内的反苏势力。在它们的庇护下,国内建立了"第五纵队"。在"第五纵队"的领导参与下,反革命政变得以实施,强加给俄罗斯人民的资本主义得以巩固。久加诺夫在"8·19事件"20周年之际撰文认为,在1989年,跨地区议员团就承担起了"第五纵队"的角色,它不仅得到国内反革命,而且还得到境外反苏力量在思想上和物质上的支持。正是跨地区议员团为戈尔巴乔夫、雅科夫列夫和谢瓦尔德纳泽的背叛行为撑腰打气,正是这个议员团编造出诋毁苏维埃制度的极为肮脏荒谬的无稽之谈,也正是这个议员团展开了对俄罗斯杰出政治活动家列宁和斯大林的无耻诽谤运动。

应当看到,俄共以历史唯物主义态度看待苏联历史,对社会主义革命和建设的历史作用没采取虚无主义,对苏联和苏共发展中存在的问题也没有回避和文过饰非。

4. 以建设"更新的、21世纪社会主义"为战略目标

如前所述,基于对当代资本主义基本矛盾的认识,俄共坚信社会主义必将取代资本主义,共产主义终将是人类历史的未来。因此,俄共在其党章中申明:俄共的"主要目标是建立社会主义社会,即建立在集体主义、自由与平等的原则上的社会公正的社会。党主张建立苏维埃型的真正人民政权,巩固联邦制的多民族国家"。新版纲领也指出,党的"战略目标是在俄罗斯建设更新的社会主义,即21世纪社会主义"。十五大进一步阐释了"21世纪社会主义的形象"。

俄共这些写入党章和党纲的关于建设新的社会主义的表述,是经过党内20年来的不断思考和争论得来的,其理论探索经历了几个阶段,即"俄罗斯爱国主义"——"俄罗斯社会主义"——"更新的、21世纪社会主义"。

自20世纪90年代叶利钦执政时起,俄罗斯当局以

"非意识形态化"为名,试图"去"社会主义意识形态,提出以"俄罗斯思想"统一民族精神。而"俄罗斯思想"的内涵是什么?俄罗斯各派有各自的界定。俄共强调"俄罗斯的爱国主义",试图赋予这种爱国主义以社会主义内涵。然而,普京执政后,高举爱国主义旗帜,爱国主义作为国家主流思想即"俄罗斯思想"逐渐成为引领各种社会思潮的共同价值观。在这种背景下,俄共领导人久加诺夫开始明确强调"俄罗斯社会主义"。2000年12月,久加诺夫在俄共七大政治报告中强调,"社会主义是现代俄罗斯的爱国主义",以区别于笼统的、不讲社会主义的爱国主义。

在久加诺夫看来,"俄罗斯社会主义"的提出,是为了解决现实存在的"俄罗斯问题",因为苏联解体后"俄罗斯问题"凸显:俄罗斯族人被人为地割裂处于独联体不同国家;俄罗斯族人口不断减少;俄罗斯地缘政治地位受到削弱;俄罗斯文明日益衰落。因此,俄罗斯只有走社会主义道路,才能真正解决俄罗斯面临的问题。2004年7月,久加诺夫在俄共十大政治报告中正式提出"俄罗斯问题",大会通过了"关于俄罗斯问题"的决议,阐明俄罗斯共产党人关于解决俄罗斯问题的建议。2006年4月6日,久加诺夫在《真理报》上发表了《俄罗斯社会主义——对俄罗斯问题的回答》一文,进一步从理论上对这一问题加以论述。俄共还为此专门召开了理论研讨会。

久加诺夫主张的"俄罗斯社会主义",用他本人的表述,是"把俄罗斯的民族特性、我们许多世纪的历史经验与苏联社会主义制度的优秀成果和谐结合起来的道路"。它包含两个基本要素:一是建立在俄罗斯民族的传统价值观即"俄罗斯思想"之上;二是坚持科学社会主义一般原理,吸收苏联社会主义的经验。关于第一点,久加诺夫认为,"俄罗斯思想"与社会主义思想有天然的相通性。久加诺夫在20世纪90年代发表的著作中反复强调这一观点,这一观点最后完整地体现在俄共1995年的纲领中。纲领声称:"只有在俄罗斯的创造性传统和历史传承性的牢固基础上,才能建设俄罗斯的未来。地缘政治、民族和经济状况的错综复杂使俄罗斯成为这样一种文化和精神传统的载体,它的基本价值是同舟共济,集体主义,爱国主义,个人、社会和国家紧密相连,对实现真理、善良和正义的最高理想的追求,所有公民不分民族、宗教和其他差异具有平等权利和平等价值,凝聚力、人民性和精神追求是群众接受社会主义思想的重要前提。"纲领强调:"俄罗斯思想实质上就是深刻的社会主义思想。"关于第二点,2004年7月,久加诺夫在俄共十大政治报告中指出,带有全世界、国际主义性质的科学社会主义与俄罗斯的爱国主义相结合——这是21世纪"俄罗斯思想"的基础。俄罗斯共产党人要尽快掌握新的民间的暂时还是自发的"俄罗斯社会主义"的思想空间。要领导这一运动,赋予它以科学的论证、明确的政治目标,以及组织性、斗争精神和力量。

应该说,久加诺夫所说的"俄罗斯社会主义"是谋求把马克思主义普遍原理与本国实际相结合的一种探索。然而,久加诺夫关于这个问题的论证基于俄罗斯地缘政治学,尤其是泛斯拉夫主义和欧亚主义,过于强调民族特性,混淆了社会主义与民族主义的界限。正因如此,"俄罗斯社会主义"的提法遭到俄罗斯其他共产主义政党领导人的非议,在俄共党内也引起争论,尤其是十三大前党内讨论修改纲领时。直到2008年11月举行十三大时,一些代表在大会发言中仍认为这一提法不够严谨和科学,尤其是关于俄罗斯问题的论述有"大俄罗斯沙文主义"之嫌。例如,俄罗斯科学院院士、诺贝尔奖获得者、俄共杜马议员饶·伊·阿尔费洛夫认为,不存在"俄罗斯社会主义",就像在物理学中不存在俄罗斯物理学或美国物理学一样。社会主义在中国、俄国、古巴可以有各自的特色,但社会主义具有国际性,它指的是社会主义的、公正的社会制度。俄共杜马党团成员奥·斯莫林认为,中国共产党提出的"中国特色社会主义"比俄共的"俄罗斯社会主义"更准确。由于党内意见不统一,"俄罗斯社会主义"这一提法没有写进十三大会议最后通过的新纲领,新纲领还将原纲领中"凝聚力、人民性和精神追求是群众接受社会主义思想的重要前提"改为"这些品质是群众接受解放思想和革命思想的重要前提",并删除了原纲领中"俄罗斯思想实质上就是深刻的社会主义思想"这句话,这些修改表明俄共接受了广大党员的意见,避免在纲领中混淆民族与阶级、俄罗斯思想与社会主义思想等概念。大会通过的新纲领不仅不使用"俄罗斯社会主义"的提法,而且将"为更新的、21 世纪社会主义而斗争"作为党的战略目标明确提了出来。但当时的纲领和政治报告并没有对"21 世纪社会主义"的内涵进行阐述,纲领仍沿用列宁关于"完全社会主义"的定义描述未来社会主义的基本特征。

经过四年的探索、思考,2013 年 2 月举行的俄共十五大政治报告首次描述了"21 世纪社会主义的形象"。这包括如下要素。

第一,生产资料公有制。报告指出,社会主义是以生产资料的社会所有制取代私有制为前提的。问题不在于是否实现国家所有制,马克思和列宁都没有将私人资本主义所有制转变为国家所有制作为共产主义运动的最终目标。在社会主义阶段,国家所有制应该转变成为真正的社会所有制,每个人应是社会财富的共有者。

第二,以共产主义为最终目标。报告指出,"更新的、21 世纪社会主义"的形象就是具有共产主义前景的、发展中的社会主义。共产主义是得到科学论证的社会主义向前发展的合乎规律的结果。

第三,经济中实行科学预测与计划。报告指出,我们的社会主义形象与科学在社会生活中占有的优先地位有着不可分割的联系。没有国民经济的科学预测和计划,"更新的、21 世纪社会主义"是不可思议的。

第四，社会公正。报告指出，我们的社会主义形象是社会公正的社会，劳动人民重新拥有并扩大自己的权利。而消除社会不平等的首要步骤是将大型资本主义的财产收归国有，尽管加强国家所有制的作用还不能带来社会主义，但向社会主义的过渡会由此变得更顺利。

第五，人民政权。报告指出，"更新的、21世纪社会主义"是实现真正人民政权的社会主义，俄共争取用苏维埃民主替代西方资产阶级议会民主。

第六，捍卫国家安全。报告指出，"更新的、21世纪社会主义"仍将继续在各国边界内发展，这就要求保障俄罗斯的安全。为此，国家需要强大的军工综合体和武装力量。

第七，文化高度发达。"更新的、21世纪社会主义"是具有高度发达文化的社会主义。所有社会成员都能平等地分享文化成果。俄共坚持为实现免费和有质量的教育、教育为所有人而斗争。社会主义重建公共教育体系。

报告认为，俄共在确定"更新的、21世纪社会主义"形象时，涵盖了马克思列宁主义学说早已阐明并得到现实社会主义经验证实的特征，并考虑到当代实践、科技进步水平和具体国家的民族特点。

从上述可以看到,俄共关于"更新的、21 世纪社会主义"的构想,体现了俄共把科学社会主义的一般原理和俄罗斯的国情相结合的一贯主张,其中有些内容是对当下社会问题的解决之道,经过俄共 20 年来的坚持,正逐渐被社会大多数民众所接受。

俄共仍以实现共产主义为最终理想,这体现在俄共中央的十五大报告中:"更新的、21 世纪社会主义的形象就是发展中的、具有共产主义前景的社会主义。共产主义是得到科学论证的、社会主义向前运动的合乎规律的结果。"

四 为巩固和壮大党的组织而斗争

任何一个政党，其战斗力和社会影响力在很大程度上与党员人数多寡和质量高低成正比。人数众多的党固然有乌合之众、不堪一击的例子，但人数过于稀少的党，在当代政党政治的环境下连生存都是个问题，就更谈不上产生社会影响力、形成气候了。正所谓"政治路线确定之后，干部就是决定的因素"。20年来，俄共吸收新鲜血液，扩大党的组织，这始终是俄共的一个"硬任务"。

1. 明确党的性质，扩大群众基础，做劳动人民的党

（1）坚持党的性质不变

俄共于1993年二大通过第一个章程。20年来，俄共章程虽经几次代表大会的修改和补充，但其中"捍卫工人阶级、农民、知识分子及一切劳动者的利益"这一关于党的性质的核心定义没有变，坚持认为俄共是"劳动人民的党"。

俄共在2013年十五大修改通过的章程中申明：俄共"在坚持自己理想的同时，捍卫工人阶级、农民、知识分子及

一切劳动者的利益"。新版纲领规定,俄共"是国内唯一彻底捍卫雇佣劳动者权利和民族国家利益的政治组织"。

（2）不断扩大社会基础

俄共一直把工人阶级、劳动农民和人民知识分子以及所有劳动者的联盟看成自己的社会基础。21 世纪以来,俄共提出要更准确地界定党的社会基础,以明确党到底依靠谁的问题。2008 年十三大召开前夕,党内就党的社会基础问题进行了激烈的争论。最后,俄共在其十三大通过的新版纲领中明确申明:"俄罗斯共产党人将自己的思想首先诉诸当代工人阶级,广而言之,诉诸俄罗斯各劳动阶级和阶层,即诉诸一切用自己的劳动创造物质和精神价值、为民众提供具有重要意义的服务的人。共产党人将这些人视为自己的主要社会基础。"俄共第一副主席伊·梅利尼科夫在大会上做报告时谈到,这意味着俄共要依靠所有体力和脑力雇佣劳动者,包括工程技术和科学工作人员、服务领域的劳动者等。与此同时,梅利尼科夫承认,分析党的社会基础的过程没有结束,俄共的社会基础还要继续扩大。

20 年来,俄共直接依靠广大劳动者,团结中小企业者,还注意面向社会的中间阶层,努力扩大自己的社会基础,斗争矛头直指官僚和寡头。近年来,俄共在青年学生和科技人员中扩大社会基础的工作初见成效,吸收了一些大学生入党,在大学生和科技人员中争取到新的选民,如俄共在莫斯科大学选区、新西伯利亚科学城等地的支持率显著增加。俄共第一副主席梅利尼科夫在总结2007年第五届国家杜马选举结果时分析说,俄共的支持率与俄国的社会分层和具有反对派情绪的社会群体的形成存在联系。从地理分布来看,俄共地区支持率趋向均衡化,从前在南部"红色地带"的优势已经不甚明显,而在欧洲部分的北部、乌拉尔和部分东部,即20世纪90年代俄共支持率最低的地方,增加了新的选民。近四年来,俄共在曾被认为是"反共堡垒"的大城市(如莫斯科和圣彼得堡等城市)中的选民有增加趋势。主要原因在于,城市中的社会分化日益加剧,"改革"中的"失败者"开始对现行政策不满,倾向于反对派。此外,大城市选举监控相对严格,不容易作弊,俄共的选票也很难被人"偷走"。

到了2011年年底第六届国家杜马选举时,俄共领导人声称,俄共拥有300万有组织的拥护者,1200万~1300

万稳定的选民,官方的选举结果虽然是 12% ,但实际上"我们得到 25% ~ 35% 的支持"。

2. 吸收新生力量,遏制组织老龄化

在 20 世纪 90 年代,俄共是俄罗斯唯一真正的全国性政党,其纲领明确、机构健全、组织严密,为议会中占有席位最多的第一大党团。21 世纪以来,俄共的组织规模受到严重削弱,降格为议会第二大党团。为此,俄共采取许多措施,以遏制组织老化和组织规模缩小的趋势。

(1)增加党员人数和改变队伍年龄结构的举措

1990 年 9 月初建时,俄共拥有在俄罗斯联邦共和国境内的苏共党员 1000 万人。苏联解体后俄共遭禁,如前所述,到 1992 年年底宪法法院承认俄共基层组织合法性时,俄共仅剩党员 680 万人。1993 年 2 月重建时,俄共召回党员近 60 万人。

20 世纪 90 年代中后期,俄共针对党员退党现象增多的情况,采取"1 + 1"的办法,即一个党员发展一个俄罗斯人,尤其是青年人入党,来保持党的队伍的稳定。直到 2000 年,俄共仍是俄罗斯组织规模最大的政党,拥有党员 54.7 万人。当时党员年龄结构还很年轻,40 岁以上的党员仅占党员总数的 12% ,30 岁以下的占到 47% 。

随着时间的推移,尤其是 2004 年党的队伍分裂,党员人数锐减,党员年龄老化的问题日渐突出。2004 年,党员人数骤减至 18 万,其中 30 岁以下的党员仅占总数的 6.2% 。为加快党员队伍和领导机构的年轻化,努力改变"老人党"的形象,遏制组织萎缩和年龄结构老化的趋势,俄共在 2000 年七大举行之前提交大会讨论的《俄共当前任务》提纲草案中提出,党组织必须保证以每年增加 10% 的比例发展新党员,尤其是发展青年人和适龄工作的人入党;保证各级党委成员中青年委员占 20% ,以保持党的活力。这项建议在 2002 年八大、2004 年十大的中央报告中都被一再强调是党的队伍更新的硬指标,必须作为各级组织的首要任务来完成,争取在扩大队伍方面有所突破。俄共要求各级党组织的书记至少培养一名后备青年干部。

近十年来,俄共每年新增党员近万名,尤其是 2008 年金融危机以来的几年里,俄共新增党员逐年增多。据俄共在十五大前公布的组织发展信息显示,在 2009 ~ 2012 年,俄共发展新党员 61067 名,其中 2009 年为 13035 名,2010 年为 15569 名,2011 年为 17103 名,2012 年为

15360 名;2012 年新党员占党员总数的 9.8%，一半以上（47 个）的地区党组织完成和接近完成了年均增长 10% 的既定目标。党员人数最多的地区有:莫斯科州——7519 名,伏尔加格勒州——7250 名,克拉斯诺亚尔斯克市——5946 名,达吉斯坦共和国——5704 名,莫斯科市——5655 名,克拉斯诺达尔边疆区——5111 名。

经过这种努力,俄共基本遏制了党员人数急剧下降的趋势,稍稍缓解了党员队伍老化的问题。截至 2013 年 1 月 1 日,俄共共有党员 158900 人,平均年龄 56.4 岁（2012 年为 57 岁）,30 岁以下党员有 16761 名,占党员总数的 10.5%。同时也应看到,俄共队伍年轻化的任务仍十分艰巨,随着时间的推移,近 44% 的退休者党员的自然减员势必削弱党的规模,也影响党的战斗力。

（2）扩大党员的职业构成

20 年来,俄共的党员职业构成发生很大变化,前十年以工程技术人员和学生为主,后十年则以退休者居多。我们掌握的可比数据不多,但可从中看出上述变化。1997 年,工程技术人员占 58%,大学生占 17%,农民占 15%,工人占 8%,其他占 2%。2000 年,工程技术人员占 23%,大学生占48%,农民占12%,工人占12%,其他占5%。2003年初,即俄共重建十周年之际,俄共的党员构成中,工人党员占11.4%,农民党员占11.3%,学生党员占4.2%,科学、文化和艺术界的代表占5.3%。2013年1月1日,即俄共重建20周年时,俄共的党员成分较之以前更复杂,其构成中占据多数的是退休人员,占党员总数的43.6%(共有69341名),职员占14.1%(22374名),工人占12.8%(20396名),农业人员占8.1%(12906名),失业人员占5.3%(8396名),工程技术人员占4.5%(7142名),从事文学艺术创作的知识分子占4.2%(6675名),学生占3.4%(5405名),小企业主占2.4%(3871名),大企业领导人占0.8%(1317名)。女性党员占34.4%(54683名);2/3以上(10万多)党员受过高等教育。

从党员构成可以看出,俄共党内各个行业的人都有。不过,俄共坦言其在工人和农民中发展党员不够。

（3）领导机构的年轻化

俄共的常设领导机构是中央委员会、主席团和书记处。俄共建有自下而上的分支机构,在州、市区和居民点分别设有地区党委、地方党委和基层支部。2003年时,在全国89

个联邦主体中设有 88 个地区党委(除车臣外);2013 年时,地区党委减少到 81 个。相应的,10 年间,地方党委由 2362 个减少到 2278 个,基层组织由 17636 个减少到 13793 个。

在 2000 年以前,俄共领导机构人员相对年轻。此后,党的领导层老化成为问题。例如,2000 年,俄共地区领导人中 60 岁以上的占 15%,40~60 岁之间的占 50%,40 岁以下的占 35%。到 2008 年 12 月十三大时,俄共中央委员平均年龄 59 岁。当时久加诺夫在大会报告中对党的领导层的老化问题表示了极大的焦虑,认为这"已严重地制约着党的活动能力"。久加诺夫坦言,以这样的年龄结构,即使国内形势发生突变,俄共也难以采取行动。他严厉批评了一些老同志恋栈、不为年轻人让位的现象。在此之前,即 2007 年举行第五届国家杜马选举时,为避免党内领导人争夺杜马席位,俄共中央明确规定地区组织的第一书记原则上不做候选人,或不列入候选人名单的前几名,以使他们专心从事地区党务工作,同时把那些具有专业实力和竞争力的代表尤其是新面孔推举为候选人,树立新的形象,以赢得更多的选民。结果在第五届(2008~2011 年)俄共杜马党团 57 名议员中,新当选的议员占 1/3,共 19 人,平均年龄 47 岁,有 5 名议员年龄在 30 岁以下。作为改善各级组织领导人老化问题的第一步,十三大首先在中央领导层进行了较大程度的更新,16 名中央主席团成员中有 7 人、10 名中央书记中有 5 人是新当选的;同时将候补中央委员增加了一倍,达到 105 人,其中 75 人为年轻人。这一举措使俄共中央领导机构成员的平均年龄大大下降,也为四年后中央领导机构的更新培养了后备军。2008 年俄共十三大基本解决了中央委员会的年轻化问题,大多数中央委员和中央候补委员年龄在 40 岁以下。

作为一个议会党,在议会中斗争的工具是依法建言献策,这需要专业知识,因此推举什么样的代表进入各级议会,直接关系到党在议会工作的成效。为此,久加诺夫顶着党内中央和地区元老级领导人抵触的压力,大力举荐和使用年轻人,推进地区和地方领导层的年轻化和俄共各级立法党团议员的专业化。最终,十五大选出的中央委员有 180 名,平均年龄为 50 岁,与四年多前相比年轻了近 10 岁;候补中央委员 116 人,平均年龄仅为 39 岁,其中最年轻的候补中央委员奥布霍夫斯基才 19 岁。这意味着俄共的干部后备军是年富力强的。一些新人首次进入中央主席团和书记处,40多岁的德米特里·诺维科夫当选为中央副主席。这些年轻人进入中央领导层增强了俄共的活力,有利于加强党在青年中的工作和利用现代媒体的能力,提高了俄共作为现代政党参与国内事务的竞争力和影响力。

与此同时,俄共也在推进地区和地方组织领导机构的年轻化。2012年,新当选的4139名地区党委委员中,30岁以下的333名,约占8%;1091名地区党委候补成员中,30岁以下的339名,约占30%。但目前地方和基层组织领导人的年龄仍偏大,如新当选的地方及基层组织的领导人中,地方党委第一书记平均年龄为56.2岁,基层支部书记平均年龄为55.6岁。此外,俄共地区领导机构新当选成员中工人占8.3%,女性占24.6%,分别比2008年同期增加1.9%、2.7%。比较而言,俄共中、下层领导人的年轻化程度远远赶不上中央上层的年轻化程度。

3. 坚持党的组织原则

俄共以民主集中制、思想统一和党内同志关系为基本组织原则,要求党员在共同的思想和道德、同志关系、平等和民主集中制基础上保证党的纪律,主张党内生活民主化,实行领导干部定期更换制,杜绝领袖至上现象,铲除利用在党内的地位达到利己目的、败坏党的声誉的政治腐败分子和投机钻营分子滋生的土壤。

20 年来,俄共正是依据民主集中制、思想统一等组织原则,保证党在艰难复杂的环境下不受诱惑,不被打败,虽历经一次次外压内患而不散,始终作为一个有组织、有政治影响力的政党而存在。同时应当看到,俄共在贯彻上述组织原则方面还存在一些问题。首先,由于党内从一开始就存在不同的思想流派,党员,尤其是党的上层在党的性质、党与现政权的关系、党在现阶段斗争的目标与形式等重大问题上,思想认识远非一致,加之党内缺乏经常性的思想交锋和统一认识的机制,致使具有不同思想流派的党员逐渐发展成为组织内不同的政治派别,有的最后与党分道扬镳。其次,党内生活缺乏民主氛围,有时中央用组织手段处理思想认识问题,致使党内矛盾加剧,党的团结和声誉受到损害。最后,党内确实有人抵挡不住议会议员及议长职位的诱惑,把竞选运动当成争权夺利的工具,为了个人的升迁和保住权力而不惜抛弃党和民众的利益。

五　探索实现社会主义的新途径

作为一个无产阶级政党,有了思想指导、战略目标和组织保障,还需要采取切实的行动策略和斗争方式。为了适应新的形势,俄共主张"和平过渡到社会主义",但不否认,在迫不得已时采取"反对暴政和压迫"的最后手段。俄共通过合法斗争重新赢得在国家政治生活中的地位,把议会内斗争与议会外斗争结合起来,与社会各界爱国主义组织结成统一战线。为了宣传党的最低纲领,并使国家重新走上社会主义道路,俄共采取了如下斗争方式。

1. 积极参加各级权力机构的竞选

20多年来,俄共积极参加了议会即国家杜马的历届选举,在第二、三届赢得议会第一大党的地位,尔后被统一俄罗斯党超越,尽管实力与第一大党相距甚远,但始终保住第二大党的位置。与此同时,俄共还参加了四年一届的总统选举,其候选人久加诺夫的得票率也始终位居第二。事实证明,俄共是俄国内不可替代的第一大反对派政党,其领导人久加诺夫是俄罗斯政坛上唯一可以与当权者较量的政治人物。

此外,俄共还动员各级组织参加地区即州的立法会议和地方即市级立法会议的选举以及州长、市长等各级行政首脑的竞选。20世纪90年代,俄共在地区和地方立法机构中的议员和代表占据半壁江山,并有一些共产党人担任州长,形成了一个"红色地带"。但进入21世纪,俄共阵地逐渐丢失,经过近几年的奋斗,情况虽有所好转,但在俄罗斯整个政党格局中,俄共在州级,尤其是在市级的立法机构中的势力相对较弱,远没有达到俄共在国家杜马中的席位比例(20%以上)。截至2013年1月1日,俄共在地区立法会议中拥有59个议会党团和20个议员团,在3910个席位中占有461个席位,占11.8%;在市级地方行政机构的189316名代表中,有俄共代表8249名,占4.4%。俄共有282名成员担任各级执行权力机关的领导职务。在2014年4月俄罗斯第三大城市新西伯利亚市市长的选举中,俄共候选人阿·叶·洛克齐获胜当选。

在目前俄罗斯的政治制度下,参加各种选举,对俄共而言是关乎其生存和发展的头等大事。进入议会,一方面,党能根据得票比例获得相应的国家财政拨款,以解决一部分活动经费,使党有生存和发展的机会;另一方面,党能争得参政议政的权利,巩固党在国家政治生活中的地位,扩大对社会的影响力。

显然,参加竞选不是俄共存在的目的,而是实现其战略目标的手段。但要争得这一手段,对缺少行政资源的反对党俄共来说,绝非易事。因此,俄共不得不重视各种竞选,成立了中央竞选总部及各州的分部,党的第一副主席伊·伊·梅利尼科夫任党的竞选总部的负责人。每次竞选活动中,党的各级领导人都亲临第一线,直接与选民对话,把参选过程作为扩大党的影响的机会。以 2007～2008 年国家杜马和总统竞选为例,俄共候选人在全国各地举行了上千场次的见面会和演讲会,与城乡选民直接对话,阐释俄共的立场;派两三万名监票员到各投票点监票,以减少对俄共不利的作弊行为;发动和组织 120 多次以捍卫公民的政治和经济权利为主题的抗议行动;利用十月革命 90 周年和俄共重建 15 周年的机会,举行全国性的纪念活动,宣传社会主义思想,邀请世界 70 多个国家的共产党和工人党来莫斯科参加纪念十月革命 90 周年的大型集会和游行,为俄共的竞选造声势。

2. 积极开展议会内的工作

作为反对党,议会讲坛是俄共对当局政治、经济、社会、外交等各项方针提出批评和抵制的合法平台。俄共利用这个平台,曾启动对叶利钦总统的弹劾案,启动对切尔诺梅尔金政府和梅德韦杰夫政府的不信任案;也对政权党党团提出的"劳动法典""土地法典""福利货币化""军队改革""反危机纲领""加入世贸""科学院改革""养老金改革""严惩抗议运动"等问题的提案投反对票,并表明自己的立场。

与此同时,俄共从劳动者的立场和国家的利益出发,积极参与国家立法工作,通过立法权实现自己的社会改造方案,为劳动者争取权益。俄共以其国家发展基本纲要为依据,积极提出经济社会立法提案。例如,俄共国家杜马党团提出的《提高最低工资标准》的法案、《同分离主义斗争》的法案等获得议会通过。俄共某些地区的议员团还通过立法阻止了当地某些大型企业私有化的进程;将当地公共事业费从家庭总收入的22%降到14%,接近俄共纲领提出的10%的指标;为35000名"二战"时期的"劳动老战士"争得社会优惠待遇;等等。为了争取平等的政治权利,俄共主张实现诚实和自由的选举,杜绝选举中的造假行为。为此,俄共党团提出了修改选举制度的一整套措施,包括19项法案,其中旨在提高选举进程公开性的一系列措施得以实现。

然而,俄共通过立法影响社会的设想往往受到自身有限的立法权的制约。20世纪90年代,俄共凭借议会多数席位,通常可以抵制民主派的立法提案,在一定程度上阻止了新自由主义对社会经济领域的侵蚀,使苏联时期的某些社会保障制度得以延续。但21世纪以来,俄共作为议会中的少数党,在实行多数决策原则的议会立法中,俄共的很多立法提案遭到封杀。比如,在2012～2013年,俄共党团提交了243项提案,其中只有133项进入大会审议程序,获得议会通过的仅有30项,大多数提案都被占据议会多数席位的统一俄罗斯党否决。在被否决的提案中,有在俄共看来对国家发展至关重要的《关于人民教育》的提案,这个提案作为对政府提案的替代方案得到社会的广泛关注,它主张教育领域不能市场化、商业化。该提案被否决之后,俄共并未罢休,又在准备《关于提高教育质量和现代教育标准》的提案,以实现俄共关于"教育为所有人"的主张。

面对国家杜马提案经常被否决的窘境,俄共有时要采取迂回办法,首先动用自己在州级和市级立法会议的党团议员在地方上争取让提案获准实施,然后推动联邦立法会议通过。自 2012 年第六届国家杜马开始工作以来,俄共还有 118 项法案等待审理。其中 10 项已经通过一读,其中首要的是《关于全面批准联合国反腐败公约的第 20 条》的法案。待审的还有《关于儿童社会保障》法案;《关于工业政策》的法案(主张优先发展高科技部门,由国家扶持这些部门,作为经济增长的火车头,以带动整个经济);《关于国有化》的法案(主张自然资源和基础经济部门收归国有);等等。

俄共还经常以议会党团名义举办研讨会、论坛,为形成党团的建议、提案集思广益,同时也利用议会讲坛宣传自己的主张,阐述党对一些重大问题的立场。例如,2009年 2 月 10 日,俄共在国家杜马举行了题为"分析俄罗斯联邦的社会经济形势和完善旨在克服经济危机的立法"的圆桌会议,国家杜马代表、地区立法会议代表、企业家、学者、社会学家等各界人士共 500 多人与会,会议最后形成了向总统、联邦委员会和政府提出的建议。俄共党团还举行了关于国家人才培养、俄罗斯和苏联文化、民族解放运动等问题的圆桌会议。仅 2012～2013 年俄共就举行了 30 次圆桌会议，并通过会议决议、呼吁书、起诉书等形式向总统、总理、政府部门、宪法法院建言或起诉。

回顾 20 年的议会工作，俄共领导人始终认为，当年决定"参加选举并在议会中斗争"的决策是正确的，这一决策是依据列宁的思想遗产做出的，使党得以保存、巩固和发展，并为夺取政权做准备。俄共议会党团利用议会讲坛，对执政当局施加压力，促使其通过一些有益于社会的重要决定，为劳动人民争得利益，有利于引导社会向左转。

俄共把很大精力放在议会工作上，会不会陷入"议会主义"陷阱？对此，俄共领导人是清醒的。久加诺夫在接受《真理报》记者采访时谈到，在资产阶级议会中工作这对共产党人来说，风险是存在的。议会主义诱惑即议会病甚至毁掉了一些非常强大的议会党。出路何在？逃避议会吗？列宁当年就揭露了召回派的投降立场。关键是党应该尽量避免让议会和政权机构中的党员代表腐化变质,尤其不能允许他们把个人及小集团的利益置于组织利益之上。为此,中央及各级党委要坚持领导议会党团,让每个俄共议员感觉到来自党的关注、支持和监督。同时,不断完善党对议员队伍的领导、监督和管理机制,以确保党不变质。近年,俄共加强了对党员议员的领导、监督和培训。俄共中央成立了协调整个议员队伍的"工作部",由中央主席团成员瓦连京·谢尔盖耶维奇·舒尔恰诺夫负责。俄共在十五大提出建立"共产党人代表军团"的任务。为打造这支"代表军团",俄共在近一年之中先后举行了全俄共产党人代表和俄共拥护者代表大会、专门研究如何提高俄共议员工作效率的俄共中央全会和以"议会中的共产党人与阶级斗争"为主题的国际共产党圆桌会议。俄共认为,议会斗争也是阶级斗争。共产党人议员体系是党的政治支柱,党希望通过这一体系增进党与选民的联系,扩大党的社会基础。2013 年 6 ~ 12 月,俄共以俄共党团领导人久加诺夫的名义在全国各地搞了连续四天的选民接待活动,先后出动约 5000 名各级议会的议员,在 500 个接待站接待了 28000 名选民,听取了他们的心声。之后,在汇总选民需求的基础上,全俄共产党人代表和俄共拥护者代表大会通过了一份名为《对我们代表军团的嘱托》的文件,以选民的名义,阐述选民意愿以及俄共议员实现选民意愿的具体措施。

俄共加强其"代表军团"的建设,不仅是要防止共产党议员腐化变质,还有更迫切的现实意义和深远的战略意义。久加诺夫在接受《真理报》采访时说,俄共提出了使国家摆脱危机的纲领,我们不仅要将这一纲领传达到每一个人,而且要争取通过修改某些现行法律来实现纲领要点,这需要议员在议会做大量工作。同时,我们也要培养从事国家管理工作的人才,没有他们,谈"夺取政权"就是一句空话。

3. 开展各种形式的议会外工作

俄共认为,议会内的工作要有议会外工作配合,才能取得成效。俄共议会外工作的重点是组织群众、发动群众和教育群众,启发群众争取自己的权益,在大众意识中重塑社会主义信念。在议会外,俄共主要以如下方式开展工作。

(1)通过"人民公决"宣传俄共的国家发展方案

20 年来,俄共始终通过把党的最低纲领变成群众易于理解的口号来宣传自己的主张,影响当局的政策。

俄共根据国情提出了最低纲领,概括起来包括如下几个方面。

政治领域:主张选举透明,保障公民人身、言论和信教的自由,保障反对派活动的自由;整顿国家管理体制,遏制腐败;扩大劳动集体和工会的权利,形成人民信任的政府。

经济领域:主张将国家的自然资源、具有战略意义的经济部门实行国有化,将这些部门的收入用于解决民生问题和国家基础设施建设;重审允许瓜分国家自然资源的法律,首先是住宅、土地、森林和水资源等法典;补偿居民在"改革"年代被冲销的存款;发展实体经济,为中小企业的发展创造条件,积极发展科技含量高的产业;实行累进税,免除低收入公民的税负;保障国家的粮食和生态安全;将国家的金融储备从国外银行转回俄罗斯,用于经济和社会发展。

社会领域:主张国家对住宅和公共事业承担责任,扩大国家的住房建设,住房和公共事业服务的支出不高于家庭总收入的10%;实行免费教育,恢复高标准的免费中等和高等教育;建立普遍享受得起的高质量的保健和医疗体系;维护社会保障,不允许提高退休年龄。

人口政策领域:强调俄罗斯族是当今世界上最大的被分裂民族,支持一切促进俄罗斯族团结统一的措施(如南奥塞梯的独立和克里米亚的回归);主张恢复对多子女家庭的优待,重建普遍上得起的幼儿园;保障年轻家庭的住房,遏制俄罗斯人口下降趋势。

科技文化领域:主张增加对科研的拨款,保障学者得到体面的工资和科研活动所必需的一切;保证文化财富可普遍分享,杜绝文化商业化;将俄罗斯文化作为多民族的俄罗斯精神统一的基础,保护国家所有民族的民族文化。

外交领域:主张巩固国家国防能力,保障俄罗斯领土完整,保护境外同胞;禁止利用武装力量反对人民,禁止建立保护资本的雇佣军;扩大军人和护法机关工作人员的社会保障;促进联盟国家的自愿恢复。

俄共还针对政府在不同时期的方针,提出自己的替代方案。

俄共的这些最低纲领和替代方案的要点,用久加诺夫的话说,体现在三个口号之中:在政治领域,消除官僚阶级,实现政权民主化;在社会领域,恢复社会保障和保护公民的人身安全;在经济领域,对自然资源和具有战略意义的部门实行国有化。久加诺夫认为,这些口号是"和平的人民民主革命性质的口号","但这已经是社会主义的前阶"。

为了宣传这些纲领和方案,俄共开展了多次"人民公决"活动,实际上就是以问卷形式搞民意调查。从2002年年中开始,俄共针对当局推行新一轮经济社会领域的改革,倡议就如下四个问题举行"人民公决":①土地、矿藏、森林、水及其他自然资源应属于全体俄罗斯人民;②保障国家安全的燃料、能源、国防企业、铁路应归国家所有;③工资和养老金不低于最低生活保障线;④住房、电力及其他公用事业服务的费用不应高于家庭总收入的10%。2005年政府推出福利货币化改革和政治体制改革,针对这些改革,俄共提交"人民公决"的问题又增加了如下几条:①撤销关于取消优惠和其他社会保障的第122号联邦法律,公民应该有权在享受优惠或领取货币补偿之间自行选择;②法律应保障公民享有免费保健和免费受教育的权利;③必须降低低收入者的所得税并增加超高收入者的所得税;④对被抵消的1992年1月1日前的公民存款加以补偿;⑤总统、政府、联邦主体首脑和各级议员应接受人民的监督,对人民负责,公民应该有实际可能召回上述被选举人,直至撤职。直到2006年3月底,俄共宣称有700多万人对上述建议做出回应,其中的96%的人赞成俄共提出的每一个建议。2007年,俄共联合左翼爱国主义组织在全国范围组织了涉及国家政治、经济和社会发展方针的17个问题的"人民公决"。750万人参加了"人民公决"的投票,其中90%的人支持俄共的立场。2011年2月1日,俄共中央主席团发表《从人民公决到人民政权!》的呼吁书,再次在全国启动"人民公决",作为俄共参加2011~2012年议会和总统竞选运动的开端。俄共宣布,这次公决涉及7个问题。截至2011年12月15日,有950万人参与投票,"投票结果证明,所有提交公民评判的问题都得到公民的赞成"。因此,俄共中央主席团确信,这一结果"清楚地说明一个事实,俄共的纲领反映了绝大多数公民的愿望"。

（2）联合爱国主义组织开展抗议运动

发动民众举行罢工、静坐、游行、示威、集会和上诉等抗议活动是俄共各级组织的一种常态工作方式。尤其是从 2003 年议会选举受挫以后，俄共议会内的斗争成效甚微，便将斗争的重心转向议会外，"从社会防御转向社会进攻"。2005 年，俄共中央组建了由中央副主席维·卡申领导的抗议行动大本营，当时吸引了 26 个政党和工会、青年团、妇女运动、老战士等组织参加。近十年来，这个队伍不断扩大，截至 2014 年，已有近 40 个组织参与俄共的抗议运动，俄共的地区分部也与近百个公民运动和倡议群体保持协作关系。

俄共组织的抗议活动基本上是配合议会内的斗争，大致围绕如下几个方面：争取政治和民主权利，反对压制反对党；反对当局的经济社会方针，维护公民的社会权利；反对诋毁苏联历史及国家领导人，维护国际共产主义运动；反对欧美对后苏联空间的渗透，敦促俄联邦政府维护国家利益；等等。2008 年金融危机爆发以来，俄共的抗议活动频繁。据俄共信息分析和选举运动工作部统计，在 2008~2012 年，每年都有近 200 万人参与俄共组织的抗议活动。

俄共的抗议运动对政府的经济社会政策产生一定压力。迫使当局在制定国家经济社会方针时不得不考虑社会舆论和反对派的呼声。

(3)利用官方提供的舆论机会,反击历史虚无主义

抵制反共主义,制止抹黑苏共和苏联历史,这是俄共斗争的一项重要内容。20年来,在俄罗斯,抹黑苏联历史,妖魔化列宁和斯大林,把苏联的一切问题归罪于布尔什维克党和社会主义制度的现象始终存在。普京执政后,在俄罗斯倡导爱国主义,整肃教育等领域歪曲祖国历史的乱象,以重拾俄罗斯的民族自信心和大国尊严。然而,尊重俄罗斯历史必然无法割断苏联社会主义制度下的70年;强调爱国主义,也不能抹杀苏联时期党和国家领导人带领苏联人民对国家和历史所做的贡献,苏联时期所形成的爱国主义精神在今天不能没有传承。因此,俄共充分利用官方倡导的"爱国主义"题目,抓住各种机会向民众和执政者传达这样的观点:"爱国主义与反苏主义是不相容的。""诋毁苏联国家的创始人和领导人,就是玷污祖国历史",而"纵容反苏、反共主义,势必危害俄罗

斯的国家利益"。

每逢列宁、斯大林诞辰日和逝世日,俄共领导人都到红场瞻仰列宁墓并向克里姆林宫墙下苏共领导人的墓碑敬献花圈。在苏联党和国家的重大节日和纪念日,俄共各级组织都举行大型纪念活动,举办展览会,回顾共产党和苏联的历史,宣传共产党人在国家历史中的功绩,号召青年人加入共产党,为民族的振兴而奋斗。在俄罗斯电视台搞的"俄罗斯名人"评选和电视第五频道搞的所谓"历史审判"等活动中,俄共领导人积极参加电视辩论,利用这些出镜机会,宣传苏共及其领导人对国家和民族所做的贡献。

近年,俄共坚决同俄罗斯的所谓"去斯大林化"思潮进行斗争。2009年纪念第二次世界大战爆发70周年前夕,东欧、波罗的海沿岸国家和乌克兰重提历史旧账,通过"卡廷森林案件""苏联侵占波罗的海沿岸国家""乌克兰大饥荒"等问题向俄罗斯发难。欧洲议会和欧安组织在欧洲右翼势力的策动下,也相继通过反苏、反共决议。对此,俄共议员在国家杜马提请俄联邦政府做出回应,并向议会和国家领导人重申,否定斯大林和苏联,放任反苏、反共主义蔓延,势必使国家利益受损。最终,为了维护俄罗斯的国家形象,捍卫俄罗斯在该地区的地缘政治空间,俄罗斯成立了隶属于总统的反篡改历史委员会。梅德韦杰夫总统在9月1日纪念第二次世界大战爆发70周年之际发表谈话,谴责欧安组织的决议歪曲"二战"历史,认为决议中关于苏联和德国法西斯对"二战"的爆发负有同样责任的说法是"赤裸裸的谎言"。

可见,俄共对苏联历史的捍卫不仅得到广大民众和有识之士的支持,而且也对俄罗斯今天的内政外交产生了很大影响。

此外,俄共还利用官方倡导保护俄罗斯文化的舆论环境,组建了名为"俄罗斯和睦"的社会团体,团结文化界人士,弘扬俄罗斯和苏联文化。俄共党团向国家杜马提交的关于设立俄罗斯语言节的法案得到议会和总统的批准,自2011年起,每年的6月6日,即俄罗斯伟大诗人普希金的生日,成为俄罗斯语言节日。

俄共麾下的俄罗斯社会主义倾向学者协会自1994年成立以来一直开展学术活动,这个学会将信仰马克思主义、社会主义的学者团结起来,结合国际国内局势举行各种理论研讨会,出版系列丛书,作为俄共的思想库,为党的斗争实践提供理论支撑。

此外,俄共还联合各种群众性组织,如少先队、青年团、"民兵"、军官协会、独立工会、妇女运动等,配合党开展议会外的工作。

(4)利用现代传媒手段,加强宣传和攻势

俄共为了宣传自己的立场,揭露主流媒体对反对派的负面宣传,开展有效的思想斗争,十分重视宣传手段的更新。近年,俄共在发挥《真理报》《苏维埃俄罗斯》《政治教育》等报刊和俄共网站作用的同时,还开发了几个网络广播电视频道("Рассвет - ТВ""КПРФ - ТВ"и"Красная линия"),实时播发俄共的动态及社会新闻;成立了俄共中央电视片工作室,拍摄历史和现实题材的纪录片;建立中央和地方的互联网体系,为各种纸质媒体开发网页。

俄共现代传媒体系的建立,为提升党的宣传和反宣传能力,打破官方的舆论封锁起到很大作用。以俄共十五大为例。俄共提前将中央委员会的政治报告草案公之于俄共网站和《真理报》《苏维埃俄罗斯报》等报刊上,并印刷了100多万份纸质文件向社会分发,供全党乃至社会各界人士讨论,大会决议吸收了几百条反馈建议。俄共在大会前更新了官方网站,开辟了视频节目,更易于网民了解俄共活动的细节。大会期间,俄共对各媒体记者不设任何障碍,允许媒体记者对所有大会代表进行自由采访,与此同时,俄共网站也及时报道各媒体对大会的反应。会前、会中和会后,俄共都举行新闻发布会。俄共的这种开放姿态不仅展示了俄共作为现代政党的形象和自信,拉近了俄共与社会的距离,也体现了俄共善于利用现代传媒技术的公关能力。大会召开前,俄媒体不断传出俄共将出现分裂的预测,而大会的实时报道使这一传言不攻自破。俄共两天的大会内容丰富多彩,整个进程展示了俄共开放性、现代化的一面,打破了20年间被俄媒体塑造的封闭、刻板的形象。用久加诺夫的话说,共产党人只有掌握了现代技术,才能充分地准备大会文件并通过技术手段将之呈现出来。

六　挑战与未来

俄共以其 20 年的拼搏历程向世人展示了它是压不倒、打不垮的坚强政党,也是有目标、有组织、有稳定群众基础的政党。在进入议会的四大政党中,俄共的党员人数最少,不足 16 万(统一俄罗斯党有 200 万党员,自由民主党有 20 万党员,公正俄罗斯党有 40 万党员),但俄共议会席位位居第二,其选民支持率高于比它多一倍党员的公正俄罗斯党,这足以证明俄共的战斗力。20 年来,俄共的主张对国家政治进程的演变产生了积极的影响。俄共倡导的爱国主义精神,如今成为官方宣扬的"俄罗斯思想"的基础;俄共在反危机、反腐败、加强国家安全、解决民生等问题上的替代方案,也得到社会的更多共识,有些已变为国家政策。今天,俄共已基本走出了 10 年前的低谷,但还未爬上 20 年前的顶峰。俄共要再次登顶,至少面临如下挑战。

1. 如何扩展政治空间

如前所述,在 20 世纪 90 年代,叶利钦政府推行的

"休克疗法"改革造成国衰民怨,俄共高扬爱国主义旗帜赢得民众支持,在政治舞台上不说是处于鼎足之势,也是举足轻重。21世纪以来,普京执政后夺走了俄共的爱国主义旗帜,扶持中派保守主义力量,打压左、右翼激进党派,铁腕治国,重振了民族士气。出于政治和意识形态原因,俄共不想或不能归依于普京麾下,结果在近10年的时间里被孤立,几乎被挤压得无法施展拳脚,只能卧薪尝胆。金融危机以来,俄罗斯经济低迷,官僚腐败盛行,社会中下阶层上升的机会减少,对执政者及政权党的信心下挫。俄共正是利用这一机会,通过宣传自己的反危机纲领,重新赢回一部分失地。但如今,俄共纲领主张再次被当局所用。作为新当选总统,普京再次执政后,在政治上承诺保证各党平等竞争,治理官员腐败,建立符合俄罗斯国情的民主制;在经济上提出调整经济结构,提高国家创新能力,摆脱原料依附地位,提高知识分子待遇和中等收入群体的工资;在社会问题上提出要弘扬俄罗斯的爱国主义和文化传统,采取措施遏制俄罗斯人口危机和道德滑坡;在外交上提出反对外部势力干涉内政,并在2014年公开与美国和欧盟叫板,利用乌克兰危机夺回克里米亚。应该说,所有这一切都与俄共的主张相近。与此同时,鉴于俄罗斯自 2011～2012 年大选期间社会抗议运动呈爆发之势,普京加大了对大型集会组织者和参与者的惩罚力度,签署了《集会法》修正案,从法律上增加了反对派举行抗议行动的难度和风险。在这种形势下,俄共的政治空间何在？俄共将以什么理念和形象去争取民众？以何种手段去巩固和扩大自己的地盘？如果俄共仍旧持强硬的反对派立场,会不会再次遭遇被孤立和受打压的结局？如果俄共准备做一个建设性的反对派,那么在哪些领域扩展自己的政治和意识形态空间,才能既保持共产党的独立身份和政治立场,又能赢得民众的支持？这是当前俄共面临的最大挑战。从这个意义上说,俄共面临的对手与其说是普京,不如说是自己。

2. 如何处理党内矛盾

俄共队伍内部自成立时起始终存在矛盾,有的源于思想路线和行动策略上的分歧,有的源于利益之争,且二者经常交织在一起。2004 年的内讧导致俄罗斯共产党一分为二,2008 年前后的分歧使圣彼得堡和莫斯科两个组织遭受重创,一些老党员伤心离去。内部矛盾往往给外部力量提供分化俄共的机会,造成俄共队伍的分裂,党员人数越来越少。俄共每次内部矛盾都以一部分"分裂分子"被清除出党而告终,可见,俄共在党内生活中,还没有找到恰当的协商解决内部危机的有效途径。用武断的组织手段解决思想认识问题,这对俄共的形象和发展壮大非常不利。建立健全党内生活机制,形成民主和谐的工作氛围,凝聚党的力量,这是俄共必须解决的一大难题。

3. 如何避免陷入议会陷阱

俄共把议会斗争作为一种手段,也深知作为议会党的风险。但在现实中,成为议会议员享有一定的优惠待遇和特权,这对某些投机专营者具有很大诱惑力。每次竞选,俄共内部都会出现争夺候选人资格的争斗。有的党员议员满足于议会内的舒适生活而不愿意做议会外的群众工作,还有的党员议员在议会投票时不听从党的招呼,我行我素。因此,俄共作为体制内政党,如何做到洁身自好,避免利益诱惑,不忘党的奋斗目标,真正代表劳动人民的利益,而不是成为特权官僚的一部分,这也是一个严峻的挑战。

4. 如何应对新的政治格局变动

在今天的俄罗斯,政治格局正在发生微妙变化。政权党——统一俄罗斯党的主导地位虽不能被撼动，但有所削弱。右翼自由派蛰伏多年开始抬头。普京为了增强政权党的竞争力，也是为了缓解社会矛盾，将街头抗议运动纳入可控渠道，允许体制外政党参与政治竞争，因而降低了政党准入门槛，政党注册的最低人数从40000人降到500人，还简化了政党登记手续。结果，2012年前，俄罗斯共有8个政党，截至2014年4月，在司法部获准登记的政党就有77个，还有60个组织等待注册为政党。这种新的政治生态环境势必加剧各政治力量之间的竞争，对体制内政党形成压力。至于俄共，它不仅要面对以往三个老对手的竞争，还要防备以共产党命名的新党"拆台"，并要与右翼反对派党争夺选民，原来一些怀有反对派情绪的选民没有其他选择而投了俄共的票，现在有可能被这些新党拉走。所以，俄共如何应对新的政治格局变动，站稳脚跟，巩固自己的阵地，也是其面对的挑战。

综上所述，俄共仍面临重重困难，前进的道路一定不会平坦、笔直。道路是曲折的，但前途是光明的——这就是俄共的未来。

主要参考文献

1. 《俄罗斯苏维埃联邦社会主义共和国共产党行动纲领（草案）》,《真理报》1990 年 8 月 24 日。

2. 〔俄〕伊·奥萨齐:《俄罗斯苏维埃联邦社会主义共和国共产党是如何诞生的》,《对话》杂志 2000 年第 6 期。

3. 〔俄〕维克多·特鲁什科夫:《瓦连京·库普佐夫回忆与俄共第二次非常代表大会召开相关的事件》,俄共网站,http://kprf. ru/party_live/54868. html。

4. 俄共第十次代表大会文件,莫斯科,2004。

5. 《俄共中央主席根·安·久加诺夫在俄共第十五次代表大会上所做的报告》,俄共网站,http://kprf. ru/party - live/cknews/115790. html,2013 - 02 - 23。

6. 《俄罗斯联邦共产党章程》,俄共网站,http://kprf. ru/party/charter/。

7. 《俄罗斯联邦共产党新版纲领》,俄共网站,http://www. cprf. ru/。

8. 刘淑春:《马克思主义在今日俄罗斯》,《红旗文稿》

2008 年第 16 期。

9. 柳达:《久加诺夫论斯大林的历史地位》,《世界社会主义跟踪研究报告——且听低谷新潮声(之二)》,社会科学文献出版社,2006。

10. 刘淑春等:《当代俄罗斯政党》,中央编译出版社,2006。

11. 李兴耕:《2007 年以来俄共的党内斗争评析》,《当代世界与社会主义》2011 年第 4 期。

12. 孙凌齐:《俄罗斯联邦共产党第七次代表大会纪实》,《国外理论动态》2001 年第 1 期。

13.《第十五次代表大会前党的面貌》,真理报网站,http://gazeta-pravda.ru/content/view/13772/79。

14. 刘淑春:《为建设"21 世纪社会主义"而斗争——俄共十三大述评》,《俄罗斯中亚东欧研究》2009 年第 4 期。

15.《捍卫人民利益的分支体系——根·安·久加诺夫接受〈真理报〉采访》,俄共网站,http://kprf.ru/party-live/cknews/129861.html,2014-03-30。

居安思危·世界社会主义小丛书
（已出书目）

编号	作者	书　名	审稿人
1	李慎明	忧患百姓忧患党 ——毛泽东关于党不变质思想探寻	侯惠勤
2	陈之骅	俄国十月社会主义革命	王正泉
3	毛相麟	古巴：本土的可行的社会主义	徐世澄
4	徐世澄	当代拉丁美洲的社会主义思潮与实践	毛相麟
5	姜　辉 于海青	西方世界中的社会主义思潮	徐崇温
6	何秉孟 李　千	新自由主义评析	王立强
7	周新城	民主社会主义评析	陈之骅
8	梁　柱	历史虚无主义评析	张树华
9	汪亭友	"普世价值"评析	周新城

编号	作者	书　名	审稿人
10	王正泉	戈尔巴乔夫与"人道的民主的社会主义"	陈之骅
11	王伟光	马克思主义与社会主义的历史命运	侯惠勤
12	李慎明	居安思危：苏共亡党的历史教训	课题组
13	李　捷	毛泽东对新中国的历史贡献	陈之骅
14	靳辉明 李瑞琴	《共产党宣言》与世界社会主义	陈之骅
15	李崇富	毛泽东与马克思主义中国化	樊建新
16	罗文东	中国特色社会主义理论与实践	姜　辉
17	吴恩远	苏联历史几个争论焦点真相	张树华
18	张树华 单　超	俄罗斯的私有化	周新城
19	谷源洋	越南社会主义定向革新	张加祥
20	朱继东	查韦斯的"21世纪社会主义"	徐世澄
21	卫建林	全球化与共产党	姜　辉
22	徐崇温	怎样认识民主社会主义	陈之骅

编号	作者	书 名	审稿人
23	王伟光	谈谈民主、国家、阶级和专政	姜 辉
24	刘国光	中国经济体制改革的方向问题	樊建新
25	有林 等	抽象的人性论剖析	李崇富
26	侯惠勤	中国道路和中国模式	李崇富
27	周新城	社会主义在探索中不断前进	陈之骅
28	顾玉兰	列宁帝国主义论及其当代价值	姜 辉
29	刘淑春	俄罗斯联邦共产党二十年	陈之骅
30	柴尚金	老挝:在革新中腾飞	陈定辉
31	迟方旭	建国后毛泽东对中国法治建设的创造性贡献	樊建新
32	李艳艳	西方文明东进战略与中国应对	于 沛

图书在版编目（CIP）数据

俄罗斯联邦共产党二十年/刘淑春著. —北京：社会科学
文献出版社，2015. 3
（居安思危·世界社会主义小丛书）
ISBN 978 - 7 - 5097 - 7116 - 7

Ⅰ. ①俄…　Ⅱ. ①刘…　Ⅲ. ①共产党 - 历史 - 俄罗斯 -
现代　Ⅳ. ①D351. 2

中国版本图书馆 CIP 数据核字（2015）第 032371 号

居安思危·世界社会主义小丛书
俄罗斯联邦共产党二十年

著　　者／刘淑春

出 版 人／谢寿光
项目统筹／祝得彬
责任编辑／张苏琴

出　　版／社会科学文献出版社·马克思主义理论编辑部（010）59367004
　　　　　地址：北京市北三环中路甲 29 号院华龙大厦　邮编：100029
　　　　　网址：www. ssap. com. cn
发　　行／市场营销中心（010）59367081　59367090
　　　　　读者服务中心（010）59367028
印　　装／北京季蜂印刷有限公司

规　　格／开本：787mm × 1092mm　1/32
　　　　　印张：3. 875　字数：55 千字
版　　次／2015 年 3 月第 1 版　2015 年 3 月第 1 次印刷
书　　号／ISBN 978 - 7 - 5097 - 7116 - 7
定　　价／10. 00 元